GIGANTES DEL
JAZZ

Grupo ROBIN BOOK

Barcelona - México
Buenos Aires

GIGANTES DEL
JAZZ

Josep Ramon Jové

MA
NON
TROPPO

Un sello de Ediciones Robinbook
información bibliográfica
Indústria 11 (Pol. Ind. Buvisa)
08329 - Teià (Barcelona)
e-mail: info@robinbook.com
www.robinbook.com

© 2011, Ediciones Robinbook, s. l., Barcelona

Diseño de cubierta e interior: Cifra (www.cifrabcn.com)

Fotografía de cubierta: *Miles Davis with Trumpet* / Cordon Press

ISBN: 978-84-15256-16-8
Depósito legal: B-23.839-2.011

S.A. DE LITOGRAFIA, Ramón Casas, 2 esq. Torrent Vallmajor,
08911 Badalona (Barcelona)

Impreso en España - *Printed in Spain*

A Esther Duaigües,
A Love Supreme

índice

introducción

Imaginemos una noche al cobijo de un pequeño club donde una reducida formación de tres o cuatro músicos toca jazz para una audiencia en la que tienen cabida aficionados y turistas. El grupo ha llegado a la mitad del segundo pase de la noche y todos saben que están en su mejor momento. Acaban de tocar los compases de presentación de un tema rápido, una composición propia con matices contemporáneos pero descendiente directa del mejor hard bop de finales de los cincuenta. La música fluye sin sobresaltos y el diálogo entre los instrumentos comienza a entrelazar un hermoso tejido sonoro. Es la base perfecta para que el solista despegue y todo parece anunciar que un gran solo está a punto de sonar bajo los tenues focos del club. El solista se lanza en picado, casi a ciegas pero intuyendo, en algún lugar difuso, un débil haz luminoso que será su guía para hacer el camino sin desviarse. Sus dedos se deslizan sobre el instrumento, recorre una y otra vez los compases de la pieza provocando que el público se zambulla en un torrente de notas que no dejan de tener sentido a pesar de su inequívoca espontaneidad. El trayecto no ha sido fácil pero el músico pronto parece haber llegado a donde pretendía. Ahora el vértigo se va retirando poco a poco dejando espacio para la calma. El fluido de sonidos baja progresivamente su intensidad y todo parece relajarse por un brevísimo instante, unos segundos en los que el tiempo se hace elástico y cuyo único sentido sea quizá la necesidad del músico de tomarse un respiro. De repente, en otra pequeñísima fracción de tiempo, ahora casi imperceptible, las miradas de los músicos se cruzan en el escenario. Ha sido tan solo un fugaz movimiento ocular, sin guiños o gestos visibles. No se han dicho nada pero saben que se han entendido.

La música se transforma sucumbiendo feliz a un cambio rítmico y el imparable sonido vuelve a ansiar la velocidad de la luz. El jazz ha vuelto a nacer, ha encontrado una vez más un pretexto para seguir latiendo. El público que acudirá la noche siguiente al concierto de ese mismo grupo en el mismo club, escuchará, cuando los músicos interpreten ese mismo tema, algo muy diferente a lo que hoy ha sucedido. No ha sido nada nuevo, es algo que viene sucediendo desde los viejos tiempos de Nueva Orleans. Nadie sabe muy bien cómo explicarlo pero los buenos músicos lo desean más que a nada en el mundo. Se infiltra a veces en la médula espinal del talento para asegurar la inmortalidad del jazz.

Respetado por casi todos y considerado por muchos la gran música del siglo XX, el jazz sigue hoy, tras una trayectoria de más de cien años, evolucionando y marcando buena parte del pulso de la música popular contemporánea. Sus avances como género no han pasado desapercibidos y cada una de las etapas de su evolución ha terminado contando con la aceptación de gran parte de los aficionados. Su decisiva y saludable influencia en estilos como el pop o el rock ha enriquecido las cosechas de estos tanto en el territorio de lo expresivo como en lo rítmico y lo armónico. El jazz, como manifestación cultural propia de nuestro tiempo, ha vivido también un proceso de universalización que hace decenios consiguió romper la exclusividad que sobre este arte tenían los músicos afroamericanos. Hoy, entrando ya en la segunda década del siglo XXI no resulta difícil darse cuenta de que esa música está interpretada y compuesta por personas de todos los países, razas y culturas. Tendencias ya añejas del jazz, como el estilo free o cualquiera de las sonoridades más vanguardistas que en su momento nacieron cargadas de connotaciones raciales reivindicativas e incluso combativas, están hoy mayoritariamente representadas por creadores del Norte de Europa. Casi como una paradoja, el colectivo más septentrional de músicos europeos han encontrado en ellas un vehículo de expresión eficaz para sus necesidades artísticas. Aquel jazz rompedor, a veces radical y rabioso y casi siempre trepidante que, a principios de la década de los sesenta, fluía del saxo de Ornette Coleman o del piano de Cecil Taylor, se ha transformado hoy en preciada propiedad de creadores europeos cuyo sentido de la transgresión no se basa en lo racial, sino en lo puramente artístico o estético. Haciendo el viaje a la inversa nos daríamos cuenta de que el jazz intelectualizado del último tercio del pasado siglo poco o nada conservaba de aquella intención, lúdica en esencia, mostrada por Louis Armstrong y los pioneros del género. Entre ambos extremos residirían individualidades de genialidad probada, artistas que supieron engrandecer esa música otorgándole una dimensión por encima de los intereses de la industria del entretenimiento, y consiguieron hacerlo elaborando propuestas que siempre impactaron acertadamente en el gusto del gran público. No debemos olvidar que durante más de treinta años el jazz fue música de masas. Antes de que durante los años cincuenta el rock'n roll irrumpiera en la escena musical, la vieja música surgida en Nueva Orleans en el cambio de siglo era la predilecta de una juventud que salía a bailar y divertirse. Las grandes orquestas eran míticas, y para mantener sus mitos intactos se esforzaban en conseguir sonidos que las hiciesen identificables y únicas. Esos retos darían frutos excepcionales, obras de gran altura y a veces enorme complejidad destinadas a satisfacer al público e invadir las ondas radiofónicas, piezas que en definitiva colmarían de admiración a los melómanos más exigentes, a la vez que ponían ritmo a las horas de ocio de un público menos exigente o musicalmente profano. Duke Ellington es un claro ejemplo en este sentido. Escribió piezas que fueron ejecutadas por una de las mejores orquestas que la historia haya conocido, conquistó al mundo entero y sedujo con elegancia y habilidad tanto a amantes del baile como a inquietos buscadores del placer a través de la música. Su trayectoria como artista estuvo marcada por la realidad de ir siempre un paso más allá del presente. Cuando la idea de que el jazz podía intelectualizarse era solo una etérea posibilidad que todavía no se había consolidado, Duke quiso explicarse sobre una de sus composiciones más vinculadas a su deseo de crear una música popular negra, Harlem Air Shaft. No podría haber sido más elocuente describiendo tanto la fuente de inspiración, previa a la creación de la partitura, como las poco estudiadas cualidades del jazz en el terreno de la música descriptiva. Fue el crítico Nat Hentoff quien recogió las palabras de Duke en su libro *Jazz Is*:

Las cosas que caben en un patio de ventilación de Harlem son muchas, tantas que en uno de ellos es posible tener la vivencia total del barrio. Se pueden oír peleas, oler comidas y escuchar a parejas haciendo el amor. Las conversaciones íntimas llegan hasta uno flotando a través del aire. También se oye la radio. Un patio de luces es como un enorme altavoz donde se puede ver tendida la colada del vecino, a los perros del encargado, al hombre del piso de arriba que se le cae la antena y te rompe el cristal de la ventana. Se huele el café. Magnífico olor. Un patio de ventilación tiene todos los contrastes. Alguien guisa arroz con pescado mientras otro prepara un pavo enorme. La mujer del pescado es una cocinera sensacional mientras la que prepara el pavo es desastrosa. Se oye gente rezando, peleando, roncando. Y se escucha el sonido de los bailarines de claqué, saltando y zapateando, siempre por encima, jamás por debajo de uno. Todo eso es lo que intenté reflejar en Harlem Air Shaft.

Se trata sin duda de una hermosa descripción sobre cómo puede ser la percepción de un cúmulo de vivencias experimentadas desde un solo punto que desembocaran, más tarde, en la creación de una pieza musical. Ellington abre sus sentidos y escucha las notas adecuadas a cada una de las diferentes cosas que llegan hasta ellos. Quizás algún día debería escribirse un ensayo sobre la sinestesia en el jazz, o quizás ya se haya escrito. Lo cierto es que la explicación del músico se abre a infinitas reflexiones en ese sentido, convirtiendo en ilimitado el conjunto de estímulos que pueden desembocar en un acto de creación. Está claro que el jazz siempre ha sido un arte vinculado a la propia experiencia de sus artífices, tanto sus inicios en calidad de música para el entretenimiento, como en los tiempos en que esa función se combinó con ambiciosos proyectos a lo Ellington, o los días en que fue proclama de identidad racial, esa música ha puesto el sonido adecuado a las peculiaridades de la vida y la forma de entender el mundo de quienes la hicieron posible. Cuando a principios de 1933 el productor John Hammond escuchó por primera vez a la cantante Billie Holiday, no tuvo ninguna duda respecto al potencial que su interpretación tenía para mostrar las asperezas que afectaban a la existencia de la artista. Hammond era un excelente productor y enseguida se dio cuenta de las cualidades expresivas de Lady Day, de su gran sentido armónico y de sus capacidades como improvisadora, pero por ser precisamente un buen profesional, entendió al instante que alguien que cantaba como lo hacía aquella adolescente de dieciséis años había de ser forzosamente una persona marcada por la vida.

A lo largo de más de una decena de décadas de existencia, el jazz ha servido para poner música a los aspectos más profundos de lo emocional. Lo ha hecho abarcando todos los tonos de un espectro que va desde los puramente cotidiano a zonas más turbias y tormentosas. Ha puesto banda sonora a distintas épocas de la historia contemporánea y en ocasiones ha ocupado el puesto de ser el sonido característico de algunas ciudades norteamericanas. El jazz de Nueva York, el de Nueva Orleans, el de Chicago o el de Kansas City serían algunos ejemplos de cómo en su máximo punto de popularidad un sonido puede atribuirse el mérito de ser una de las señas de identidad de un lugar y un ambiente. También ha jugado con brillantez su papel en lo social. Su incursión en la historia contemporánea como arte que camina inmerso en los impulsos que convulsionan o transforman los tiempos es indudable. Desde las revueltas de los sesenta con la negritud en pie de guerra, a los movimientos a favor de la igualdad de derechos o el posicionamiento ante la nefasta realidad racial en Sudáfrica, los hombres y las mujeres del jazz nunca dejaron de poner voces y instrumentos al servicio de causas que no siempre quedaron en meras utopías. Como género abierto, el jazz ha sabido también relacionarse en profundidad con otras disciplinas artísticas. El cine, el teatro, la poesía o la danza serían buenos ejemplos de ello, así como la pintura contemporánea. La decisión de utilizar obras de, entre muchos otros artistas, Jackson Pollock, Andy Warhol o Giorgio de Chirico para ilustrar las cubiertas de discos de vinilo ha sido casi siempre acertada. El expresionismo abstracto le ha ido como anillo al dedo a la controversia del free jazz, así como las oníricas ambientaciones del surrealismo han sido más que adecuadas para envolver la música editada de Thelonious Monk. Género por excelencia para el lucimiento de las individualidades, cada uno de sus instrumentistas ha tenido su oportunidad de dotar de matices propios al inacabable repertorio de estándars: no extraeremos, por ejemplo, los mismos significados del tema «All Of Me» si lo canta Ella Fitzgerald que cuando es la voz de Billie Holiday quien le da vida.

Tan fundamental para el jazz como la improvisación, la individualidad
ha moldeado también sus grandes avances a través de los años. Louis
Armstrong, Charlie Parker, John Coltrane o Miles Davis serían sin duda
algunos de esos grandes individualistas que, con sus instrumentos al frente
de sus grupos, alcanzaron cimas musicales inigualables e imprescindibles
para el arte de su tiempo. *Toca siempre la primera nota*, solía decir Miles a
quien tuviese la pretensión de convertirse en un verdadero líder. Y así, la
escucha del mejor jazz siempre nos proporcionaría la clara sensación de
un instrumentista yendo por delante, tirando de un grupo sin el cual su
talento sería ineficaz. La importancia de la individualidad en el jazz sería
algo realmente significativo que llegaría a teñirse de matices filosóficos.
El musicólogo Martin Williams pensaba que la aportación individual de
un líder no podía estar al margen de un respeto mutuo y profundo hacia
sus músicos, tan necesario para la compenetración y cooperación en el
seno de un grupo musical. Para él el jazz contenía el mensaje implícito
de que los humanos pueden llegar a un grado de individualidad mayor al
habitualmente permitido para el buen funcionamiento de las estructuras
sociales, una individualidad que lejos de ser una amenaza podría llegar
a mejorar la sociedad. Pero el jazz, como arte espontáneo en continua
transformación, jamás ha dejado de reflejar la mirada de los líderes sobre
el potencial expresivo de la música. Su condición de estilo adherido a la
parte más interna de lo humano y reflejo de lugares y contextos se ha
desarrollado casi siempre con indudable talento, a veces convertido en
claro virtuosismo, y en una actitud de búsqueda permanente que ha
hecho de la evolución incesante una de las características más significadas
del género. El jazz, como cualquier otra disciplina artística, ha contado
entre sus protagonistas con algunos que han merecido ser considerados
como los más grandes. La lista es larga y la elección nunca quedará
liberada de cierto grado de subjetividad, pero no debería ser difícil poner
de acuerdo al colectivo de aficionados con unos pocos nombres, aquellos
que sin duda nadie excluiría de tan concurrido elenco.

Este libro pretende acercar al lector a unos pocos de esos creadores
que viviendo sus vidas de jazzmen contribuyeron de forma muy notable
a transformar y enriquecer la música del siglo XX. Se ha intentado

mostrar, a través de pinceladas biográficas, cómo transcurrieron sus días y cuáles fueron sus aportaciones más destacadas en el terreno musical. La elección de los músicos presentes no está únicamente basada en las predilecciones del autor de la obra. Lógicamente se ha meditado una relación de ineludibles que, además de conciliar las posibles listas que presumiblemente hubiera propuesto el colectivo de amantes del jazz, diesen a la sucesión de capítulos un sentido cronológico, e incluso geográfico, como en el caso del Quinteto del Hot Club de France, única representación del jazz europeo en estas páginas. Se han situado, al principio y al final, capítulos de carácter más general, intentando, más que profundizar en personalidades concretas, ubicar en el tiempo las referencias históricas útiles para dar un sentido lineal al volumen.

El jazz está vivo. Puede que la gloria de otros tiempos, marcada por las grandes individualidades históricas, ya no esté presente en su latir contemporáneo. Las rápidas y profundas transformaciones que vive el mundo de hoy afectan también a la música popular, y el jazz no queda libre de ellas. En nuestros días, en plena era del mestizaje sonoro, los impredecibles efectos de una globalización que también afecta a la cultura, aspectos como los estilos locales, o el ritmo que tradicionalmente marcaba el paso de la evolución, están afectados por mutaciones que podrían propiciar un cambio enorme, una transformación de dimensiones asombrosas en el seno de la música popular. Pero no debemos pensar que el jazz pueda perder su condición de arte verdadero.

Cerremos los ojos un momento y sigamos imaginando un pequeño club, quizás en Brooklyn, cerca de Park Slope. Un lugar donde se sirve cerveza, hamburguesas y gigantescas costillas de buey. A un lado del local una pequeña multitud come y bebe siguiendo un partido de la liga de baseball en una pantalla gigante. En el otro extremo, cuatro músicos de jazz, jóvenes y absolutamente desconocidos, interpretan para media docena de personas la música que podría marcar tendencia dentro de cinco o diez años.

Josep Ramon Jové
Montfar (Ribera d'Ondara), abril de 2011

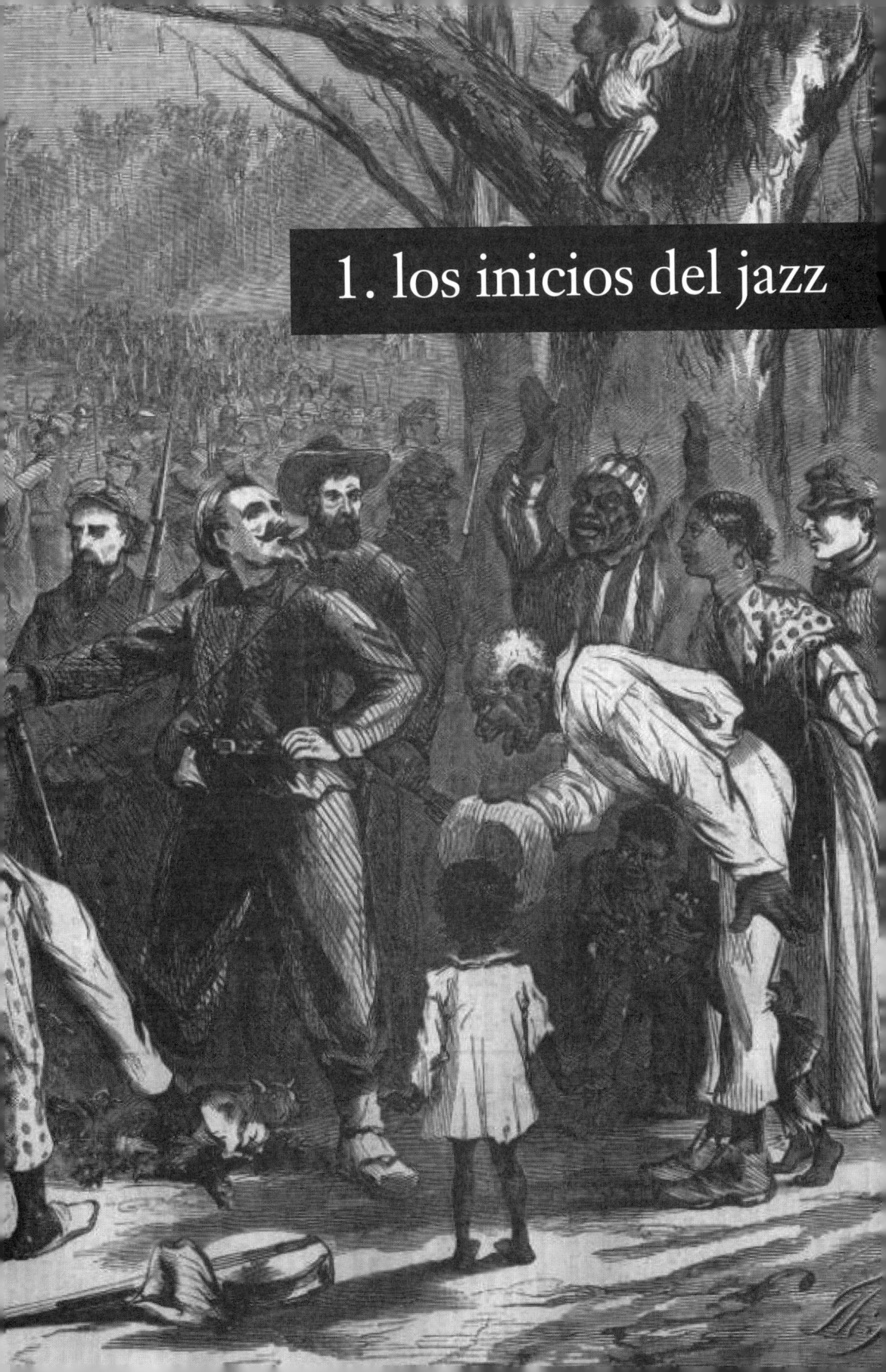

1. los inicios del jazz

los inicios del jazz

El jazz es una de las aportaciones musicales más importante de los Estados Unidos a la cultura contemporánea. Surgido a principios del siglo XX como expresión artística de una comunidad formada por personas de raza negra, a medida que fue evolucionando también vio como crecía su expansión hasta convertirse en lo que hoy podemos considerar una forma de música universal. En nuestros días el jazz cuenta con intérpretes, compositores y admiradores distribuidos por toda la geografía del planeta; es una forma artística respetada en la que, a pesar de su clara procedencia popular, muchas han querido ver la música clásica del siglo XX. Buscar sus orígenes no es nada fácil, supone adentrarse en uno de los capítulos más desagradables de la historia de la humanidad, el intenso tráfico de esclavos que tuvo lugar desde África Occidental a los dos Américas entre los siglos XVI, XVII y XVIII. Los nativos eran secuestrados en sus lugares de origen y luego vendidos para trabajar principalmente en las explotaciones agrícolas. El Sur de los Estados Unidos se vio poblada por millares de esclavos recién llegados. Su asentamiento en el nuevo destino no solo contribuyó a incrementar la riqueza de sus amos, también aportó nuevas manifestaciones artísticas que surgían de su propia cultura y terminarían mezclándose con las diversas tradiciones que allí encontraron. Las diferentes zonas de África Occidental de donde procedían los esclavos no contaban con historia escrita ni nada que pudiese considerarse parecido a una documentación útil para investigar su cultura. La tradición oral y la pervivencia de algunas danzas y cantos serían los únicos medios al alcance de algunos musicólogos que se desplazaron hasta allí durante la década de los sesenta para comparar la música que se seguía haciendo en África con la música que los esclavos habían desarrollado en América. La semejanza fue evidente y las raíces fueron claramente ubicadas, pero todavía hoy, una parte considerable de los temas que harían avanzar estas investigaciones, permanece en el terreno de lo difuso y pantanoso. Es lógico que los ritmos y cantos importados por los esclavos, al encontrarse con la tradición musical que había viajado con los colonos europeos hasta el nuevo continente, se transformaran en algo natural tras un proceso de fusión del mestizaje cultural, pero la etapa ancestral de ese encuentro, del cual surgiría el jazz y la impresionante tradición de la música afroamericana, no ha dejado demasiados datos bien documentados, hechos escritos que ayuden a saber exactamente cómo se produjeron esos acontecimientos tan importantes para el futuro de la música y ocurridos en un ambiente oscurecido por la triste sombra de la esclavitud. Los inicios del jazz siguen difuminados por haber sucedido en un contexto en el que no todo era documentado. Si la escasa información escrita sobre la realidad de las tribus africanas en la etapa más activa de los traficantes ha llegado hasta nosotros a través de diarios personales, anotaciones sobre transacciones comerciales o apuntes de viajeros, los episodios sobre el desarrollo de la cultura y la música de los esclavos ya en suelo americano, se debe en parte a la tradición oral y también a una cierta documentación que iría desde noticias puntuales en la prensa de la época a antiguos y escasos estudios y, finalmente, a la labor de algunos musicólogos que estuvieron a tiempo de conocer y entrevistar a ancianos que habían llegado a vivir los últimos años de la era de la esclavitud.

Hoy son muchos quienes aceptan que la capacidad de los africanos para transformar la tradición musical europea fue la fuerza evolutiva más poderosa de la historia de la música popular moderna. Para comprender como algo de tal magnitud pudo llegar a suceder, debemos retroceder en el tiempo e intentar imaginar cómo debían sonar los cantos de llamada y respuesta que practicaban los negros durante la dura jornada de trabajo en las plantaciones del algodón del viejo sur americano. Estos cantos, utilizados por los esclavos tanto para animarse en

The Old Plantation, cuadro de 1790 en que se muestra a esclavos afroamericanos bailando al son de un banjo y diferentes instrumentos de percusión.

las labores del campo como para transmitir códigos secretos sobre la libertad, consistían en lanzar un sonido desde un punto de la plantación y esperar que la respuesta llegase desde el otro, a veces la distancia era grande, y con el paso del tiempo esta práctica fue adquiriendo ritmo y forma hasta convertirse en una primitiva forma de canción rural, representando una de las primeras manifestaciones musicales propias de la comunidad negra americana. Pero la danza y las formas musicales traídas desde África tenían una gran importancia en la vida de los esclavos. Eran, junto a la narración de relatos ancestrales de sus tribus, una forma de mantener vivo el sentimiento de seguir enlazados con los lugares y culturas a las que pertenecían. Cuando tenían la oportunidad de reunirse para realizar estas actividades, la característica común de la evocación a través del dolor y la nostalgia se hacía presente de forma natural y espontánea. El blues, estilo que no tardaría en llegar, recogería esa esencia del lamento y ansia de libertad, y lo haría de forma más evolucionada; como una canción con una estructura identificable. Los cantos

La Place Congo de Nueva Orleans era un lugar donde los esclavos podían reunirse para cantar y danzar acompañados de verdaderos instrumentos musicales.

de llamada y respuesta se convertirían en canciones de trabajo, y las danzas contarían con rudimentarios acompañamientos instrumentales. Aunque algunos de los propietarios de las plantaciones prohibieron a sus esclavos tocar instrumentos en general, y muy especialmente los de percusión, hubo lugares en donde la permisividad reinó en este sentido, como fue el caso Nueva Orleans, que luego destacaría como ciudad esencial del primer jazz. La Place Congo de la ciudad era un lugar donde los esclavos podían reunirse para cantar y danzar acompañados de verdaderos instrumentos musicales. A veces eran ingenios rudimentarios como calabazas secas rellenas de pequeñas piedras, o instrumentos más elaborados como el berimbau o el banjo de cuatro cuerdas. Muchas de estas danzas estaban vinculadas a los rituales del vudú y otras hacían referencia a temáticas relacionadas con la espiritualidad. También existía una danza llamada *cakewalk*, que tendría bastante importancia como antecesora del jazz. La historia de esta danza se pierde en la oscuridad de los tiempos y solo puede ser extraída de la tradición oral.

Es muy posible que algunos propietarios organizaran la vida de los esclavos en una jornada laboral estructurada, disponiendo a lo largo de la semana de un tiempo destinado a la fiesta y al descanso. Los antiguos relatos cuentan que, con el domingo como día de descanso semanal, se permitía que los esclavos organizasen un baile durante la noche del sábado y, la leyenda afirma, que la señora de la plantación les ofrecía un pastel para la velada. La unión de los conceptos pastel y danza daría origen a la palabra *cakewalk*, utilizada para describir una forma de baile practicada durante esas noches. No es extraño que algo así sucediese, pero la imposibilidad de grabar esa música vuelve a plantearnos la duda de cómo sonaba.

Prohibiciones a los esclavos

Otra característica de la época fue que no todos los esclavos eran considerados de la misma manera. Es bien sabido que los mestizos nacidos de las relaciones sexuales entre el amo y sus esclavas contaban con privilegios que eran inalcanzables por sus compañeros de plantación. El esclavo tenía prohibido el acceso a la alfabetización y aprender a leer o escribir de forma clandestina era algo que se castigaba con extrema severidad. Los mestizos, en cambio, disfrutaban del derecho a adquirir esos conocimientos a través de los pastores de las numerosas iglesias evangélicas del sur. Muchos de ellos llegaron a beneficiarse de los conocimientos musicales de los pastores, familiarizándose con los salmos y la música religiosa europea que en esos templos se cantaba con el acompañamiento del órgano. Era uno de los momentos en que la tradición africana se encontraba con la música sacra de tradición europea, y los esclavos no tardarían en crear su propia forma de interpretarla. Géneros como los espirituales negros, que más tarde serían conocidos como gospel, o algunas de las formas que residen en la esencia de estilos como el soul o el funk, estarían estrechamente relacionadas con ese paso dado gracias a las ventajas de los mestizos. Los africanos supieron impregnar esos sonidos de nuevos ritmos, cadencias e intenciones. Era simplemente lo que a ellos les salía de forma natural, alteraciones que debieron sorprender a los párrocos que les habían transmitido esa cultura. Los blues también nacerían en ese ambiente rural. A diferencia de las canciones de trabajo, cuyo carácter disciplinario se basaba en que era precisamente la canción quien marcaba el ritmo de trabajo, los blues nacerían con un sentido liberador. Esta nueva forma presentaba una estructura armónica casi siempre estable y bien definida, secuencias de doce compases que los cantantes llenaban con la expresividad como reto principal.

Podría decirse que la llegada del blues supone la aparición de la individualidad artística en el seno de la música afroamericana, con marcadas
personalidades sobre las que a menudo corren interesantes leyendas.
Más tarde, cuando el estilo llegó a una fase de evolución más avanzada,
la sexualidad, utilizada de forma metafórica, formaría parte de las letras
como sutil connotación deducible del texto interpretado. Pocos nombres de quienes fueron los verdaderos pioneros del blues rural han llegado hasta nosotros. El Delta del Mississippi fue sin duda el lugar más
apropiado para que el estilo tomara forma, aunque las primeras grabaciones de este nuevo género son rudimentarias debido a la precariedad
de la tecnología de la época. Algunos de los maestros más representativos de la etapa antigua del blues serían Leadbelly, Blind Lemmon
Jefferson o Robert Johnson, de quien cuenta la leyenda que acudió a un
cruce de caminos para vender su alma al diablo y convertirse en un gran
músico de blues. Pero todos ellos fueron posteriores a los verdaderos
creadores del blues rural. Los viejos tiempos habían quedado atrás y
ahora el estilo se expandía. El siglo XX había llegado y el blues avanzaba
con él en busca de un destino que todavía hoy sigue buscando. Algunos de esos músicos tuvieron cortas vidas, existencias a veces trágicas y
otras simplemente anónimas, pero la mayoría vivieron como auténticos
nómadas, cantando sus blues de pueblo en pueblo mientras cruzaban a
pie, con la guitarra a cuestas, los polvorientos caminos del sur. Fueron
los cronistas de su época, narrando con sus cantos sucesos que pocas
veces se reflejaron en la prensa de aquellos tiempos.

La llegada del ragtime

Como estilo que impacto como una novedad en el ambiente musical de
entonces, el blues también ofreció grandes cantantes femeninas. Pioneras como Bessie Smith o Ma Raney terminarían siendo consideradas las
grandes influencias de las damas del jazz que aparecerían décadas más
tarde. La derrota confederada en la Guerra de Secesión había supuesto la libertad para millares de esclavos que buscarían una mejor vida

Uno de los maestros más representativos de la etapa antigua del blues sería Robert Jonson. Según cuenta la leyenda, Jonson acudió a un cruce de caminos para vender su alma al diablo y convertirse en un gran músico de blues.

emigrando al norte industrializado, y ciudades como Chicago verían nacer formas nuevas formas del género que terminaría alejándose de lo propiamente rural. Estas nuevas modalidades acabarían siendo interpretadas con distintos instrumentos como: guitarras amplificadas, batería, piano y bajo dando lugar al llamado Blues de Chicago, que con el tiempo, ya en las décadas de los cincuenta y los sesenta, se convertiría en una poderosa influencia sobre la música popular anglosajona.

Una vez acabada la Guerra de Secesión algunas de estas formas pervivieron y otras desaparecieron sin dejar rastro. El blues y el gospel continuaron su andanza pero nuevos estilos no tardaron en llegar. Fue un momento bastante importante, en el que algunos estudiosos plantean la idea de que algunos cambios substanciales se estaban produciendo en la tradición musical negra. Muchos intérpretes ya habían accedido a un cierto grado de formación musical y el auge de los blues no tardaría en verse plasmado en grabaciones por las compañías fonográficas que se ocupaban de los discos de artistas negros. Un estilo muy importante sería el ragtime. Una de sus peculiaridades era que muchas veces era interpretado por un solo músico al piano. Su papel como antecesor directo del jazz rivalizaría con el blues, llegando finalmente ambas formas a tener un protagonismo destacado en ese sentido. El reinado del ragtime en la música popular norteamericana se prolongaría desde 1890 hasta 1910, y el hecho de que muchas de sus composiciones pudiesen ser grabadas en rollos de pianola sirvió para que hoy podamos saber de forma bastante aproximada como debían sonar los originales durante aquellos años.

El estilo, aunque mostraba elegancia y mantenía acentos claramente afroamericanos, procedía de la mezcla con el piano clásico europeo y también con la música blanca para bandas que se estaba produciendo en aquel momento. Posiblemente algunos de sus creadores han quedado en el más absoluto anonimato, pero intérpretes y compositores que destacaron en el estilo han mantenido su prestigio hasta nuestros días. Scott Joplin, a quien la historia siempre recordará como el gran maestro del ragtime, inició en 1897 la composición de su clásico *Mapple Leaf Rag*, que sería publicado dos años más tarde y llegaría a ser una de las piezas más famosas de todos los tiempos. Eran años en que la ausencia de medios de comunicación audiovisuales privaban al mundo de un sistema eficaz para difundir la música, y las partituras editadas suponían la forma más exitosa para conseguir que una determinada composición llegase a ser ampliamente conocida. Tom Turpin, Arthur Blake y Artie Mathews fueron otros autores destacados, así como Alex Country, quien aprovechó las ventajas de la grabación de rollos de pianola para desarrollar un ragtime más complejo. Su obra *Kitten On The Keys*, popularizó este nuevo estilo a principios de la década de los veinte. Joseph F. Lamb sería uno de los intérpretes del ragtime de raza blanca. Parece que el estilo marcó también el inicio de la aparición de músicos blancos en una tradición que siempre se había mantenido negra. Más tarde, cuando el estilo Nueva Orleans estuvo asentado eso sería más habitual e incluso llegaría a crear algunos conflictos raciales en el seno de la industria musical. En realidad Lamb era un absoluto desconocedor de la cultura negra, pero su encuentro con

El estilo Nueva Orleans estaba a la vuelta de la esquina. Estaba naciendo el jazz.

Scott Joplin en 1917 cambiaría esa situación. Fue un músico activo hasta que con el final de la Primera Guerra Mundial y el inicio de la decadencia del estilo fuese olvidado por el público.

Hijo directo del ragtime, el Stride Piano sería muy importante durante los años veinte y treinta. Su particularidad se basaba en que otorgaba mayor importancia a la improvisación, pero desde 1910 el ragtime se había comenzado a interpretar en pequeñas formaciones instrumentales y la versión original con un solo músico al piano comenzaba a pasar de moda. Esta nueva tendencia suponía un nuevo horizonte en la evolución de la música, con todo un abanico de posibilidades tímbricas, representado por el sonido de cada instrumento, al servicio de una estilo que ya estaba fuertemente arraigado en la moda de la época. Habían pasado algunas décadas desde la derrota del ejercito confederado en la Guerra de Secesión, ahora los antiguos esclavos eran libres para comprar en las tiendas de saldos los viejos instrumentos abandonados por las bandas militares del ejercito perdedor.

Una nueva sonoridad estaba a punto de emerger con fuerza y espontaneidad. Estaría en parte relacionada con la voluntad de hacer sonar un instrumento sin haber pasado por una formación académica previa. Clarinetes, trombones y cornetas caían en manos de músicos autodidactas que con práctica y mucha voluntad conseguirían sacar de ellos su propio sonido. El estilo Nueva Orleans estaba a la vuelta de la esquina. Estaba naciendo el jazz.

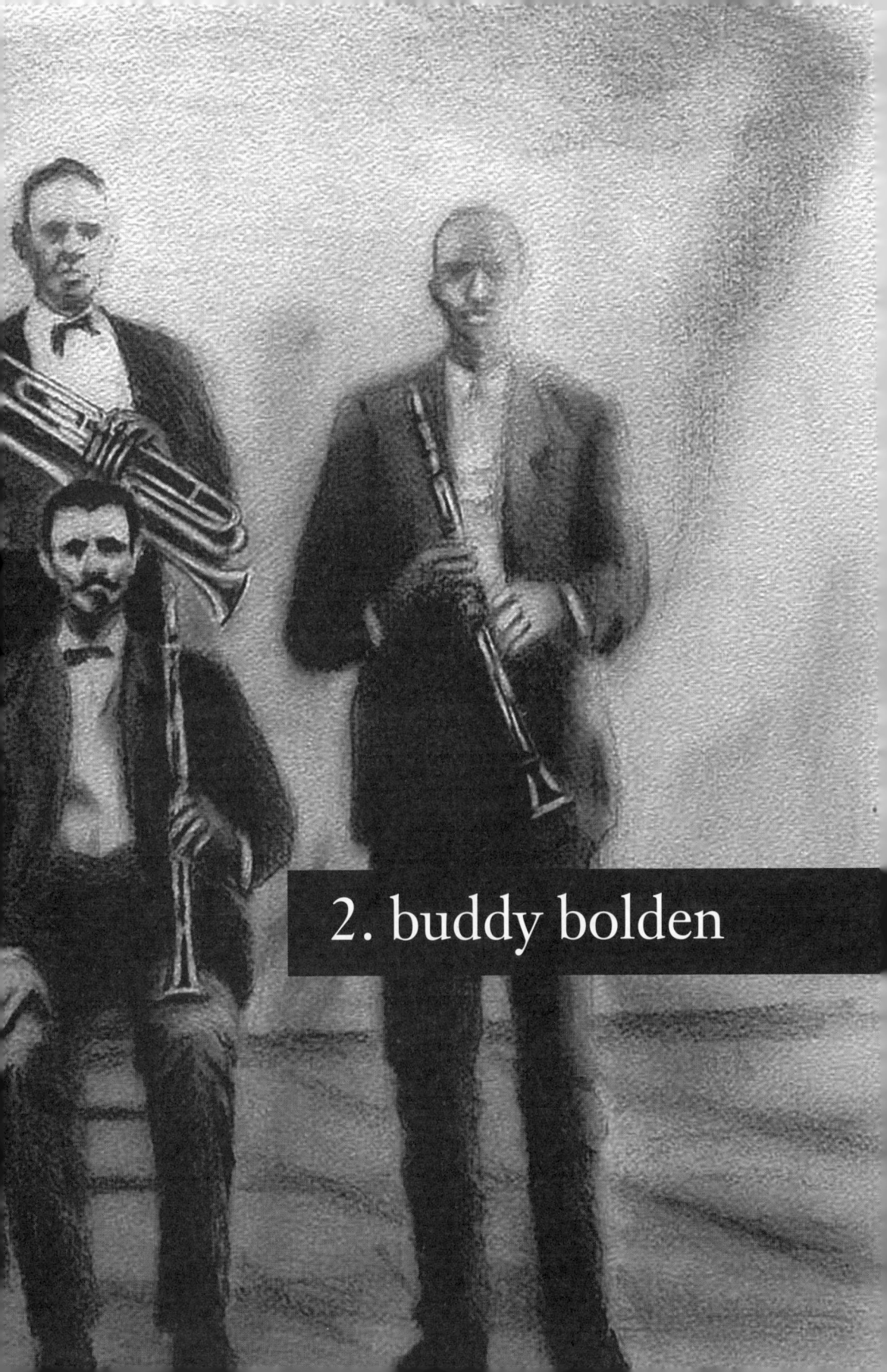

2. buddy bolden

buddy bolden

Se considera a Buddy Bolden el primer músico de jazz de la historia. Su nombre, que a veces sus contemporáneos cambiaron por King Bolden siguiendo la costumbre de hacer reyes a los mejores instrumentistas de Nueva Orleans, se ha convertido en un dato de referencia cuando se habla del nacimiento del género. En torno a él, y debido a la escasa documentación sobre su vida e inexistencia de grabaciones de su música, han surgido numerosas leyendas y frecuentemente se ha fantaseado sobre los episodios de su existencia y las características de su música. Muy poco se sabe sobre este pionero del jazz de Nueva Orleans, aunque los relatos que contaron los músicos que llegaron a conocerle fueron útiles para poder elaborar un perfil aproximado de su figura y algunas hipótesis sobre las características del primer jazz. Algunas historias cuentan que fue barbero de profesión y ocasional editor de un diario llamado *The Cricket*, aunque la reputación que consiguió como cornetista hace pensar en la música como su principal ocupación. En su ciudad natal se decía que en las noches tranquilas el sonido de su instrumento se podía escuchar a millas de distancia, más allá de la orilla opuesta del viejo Mississippi. Nueva Orleans, única por su contraste entre lo cosmopolita y las arraigadas tradiciones del Sur, ofrecía entre finales del siglo XIX y principios del XX los elementos necesarios para que los descendientes de los antiguos esclavos diesen forma a una expresión cultural propia de los negros americanos. Era un lugar extremadamente musical en el que el baile tenía una gran importancia. Los centros de diversión abundaban, desde los salones elegantes o los parques donde con frecuencia se ofrecía música, a las sórdidas tabernas del distrito de Storyville, la

ciudad resplandecía como uno de los puntos más musicales de la nación y quizás del mundo. Storyville, a menudo idealizado por la literatura, era en realidad un nido de miseria, delincuencia y prostitución en el que casi todo era posible. El distrito había sido creado para mantener la prostitución controlada en un área de la ciudad bien delimitada y, tratándose de una ciudad con un puerto de primera magnitud, marineros, aventureros y buscavidas pronto lo convirtieron en un lugar tan animado como peligroso. La mayoría de los vicios eran accesibles, aunque de forma segregada ya que existieron dos Storyville; uno para los blancos y otro para los negros, al que los blancos también acudían en busca de diversión y sexo. En este último se forjó la leyenda del nacimiento del jazz. Allí, en el corazón del distrito negro, Buddy Bolden y sus músicos tocaron la nueva música para divertir al público más variopinto que una barrio pueda albergar.

Ni una nota de esa música ha llegado hasta nosotros, el sonido de Bolden se ha perdido en el tiempo y solo puede ser imaginado. Si el músico hubiera realizado alguna grabación que se hubiese conservado hasta nuestros días, al menos un documento de cómo fue aquel primer jazz, hijo directo del ragtime, nos serviría como documento sonoro para comprender mejor lo que ocurrió en la música de aquellos días. No obstante, Willie Cornish, trombonista de la banda de Bolden, estaba convencido que justo antes del cambio de siglo el grupo grabó un cilindro que hasta hoy nadie ha podido encontrar. Situaciones como esta obligan a centrar cualquier pesquisa en la fiabilidad de las historias legadas por la tradición oral. La partida de nacimiento de Buddy Bolden dice que vino al mundo el 7 de septiembre de 1877, solo doce años después de la abolición de la esclavitud en los Estados Unidos. Se sabe que su padre falleció cuando el chico contaba con seis años de edad y que siempre permaneció muy unido a su madre y hermanas. Creciendo en el seno de una familia pobre y respetable, sus primeros contactos con

Charles «Buddy» Bolden (Nueva Orleans, 1877–Jackson, 1931) es considerado el primer músico de jazz de la historia.

En el distrito de Storyville (Nueva Orleans) a principios del XX, es donde sonaba la mejor música, generalmente en las más sórdidas tabernas.

la música llegarían con la práctica del canto gospel en las celebraciones religiosas, actividad por la que su familia era bien conocida y admirada. Este estilo debió influenciar profundamente al muchacho, los cantos en las iglesias iban mucho más allá de ser una simple parte de la liturgia y se convertían en emocionantes experiencias musicales de marcado sentido espiritual, algo que sin duda debió impactar en un niño que ya estaba predispuesto a la música. Lo cierto es que Bolden pronto mostró su inquietud por avanzar en sus conocimientos musicales y no dudó en transmitir esa necesidad a su familia. Su madre, siempre atenta a sus deseos, no tardaría en encontrar la manera de reunir el dinero necesario para pagarle unas primeras lecciones de corneta que el sabría aprovechar avanzando con rapidez. Charlie Galloway, un guitarrista cuya banda presumiblemente interpretaba el ragtime todavía en boga en aquellos días, fue quien le ofreció el primer trabajo como cornetista de su grupo. Hoy, las investigaciones más recientes, hacen pensar que Galloway fue el verdadero barbero en la historia de Buddy Bolden. Su establecimiento, una barbería a la vieja usanza, con todos los elementos para ser también algo parecido a un club social, contaba con una sala trasera que en aquellos días era también un conocido lugar de reunión de músicos. Allí, después de un corte de pelo, se practicaba con los instrumentos, se bebía y se hablaba sobre cualquier tema, aunque la música era habitualmente la protagonista de las tertulias. Era algo normal por entonces que los músicos, tras recibir los servicios del barbero, se quedaran en los establecimientos para matar el tiempo de esa manera. Frank Lewis, clarinetista a quien Bolden contrató cuando tomó la decisión de montar su propia banda, habló de ese aspecto de las barberías como algo que el llegó a vivir con frecuencia en su vida cotidiana.

Necesidad de líder

La necesidad de formar un grupo en el que él fuese el líder no tardó en aparecer. Se dice que Bolden era alguien seguro de sí mismo pero de carácter muy impaciente. Había desarrollado una técnica notable con la corneta y ansiaba comenzar una carrera a su nombre. En este momento se tomaría la famosa fotografía considerada como el único documento gráfico de este artista. Realizada en 1900, la imagen muestra a Bolden junto a los miembros de su nueva formación: Willie Cornish en el trombón, Frank Lewis y Willie Warner en los clarinetes, Brock Mumford en la guitarra y Jimmy Johnson en el contrabajo (sosteniendo un arco en su mano ya que por entonces el pizzicatto todavía no se había impuesto en el jazz). La fotografía no muestra al batería, pero se sabe que Bolden siempre utilizaba ese instrumento y que el nombre de su percusionista habitual era Cornelius Tillman. Posiblemente hacia 1898, el cornetista ya estaba trabajando por las calles de Nueva Orleans al frente de una Marching Band, animando el ambiente en una ciudad que en esos momentos acogía a los soldados a punto de salir hacia el frente. Había estallado la Guerra de Cuba y muchos soldados buscaban la diversión de Storyville antes de embarcar hacia su destino. Eran noches eufóricas en las que el músico comenzó a disfrutar de un gran prestigio, el hecho de que el gobierno propiciase la diversión de

Fotografía realizada hacia 1900, la imagen muestra a Bolden (con la trompeta) junto a los miembros de su primera formación: Willie Cornish en el trombón, Frank Lewis y Willie Warner en los clarinetes, Brock Mumford en la guitarra y Jimmy Johnson en el contrabajo.

los soldados antes de entrar en combate les daba trabajo de forma regular. Las Marching Bands eran contratadas para entretener a la tropa, y la música, tocada noche tras noche, sufrió una lógica evolución; pasó de ser interpretada por un único pianista, como había sido lo normal hasta entonces, a la presencia de un pequeño grupo formado con varios instrumentos. Bolden triunfaba en los bailes y las tabernas, aclamado ahora por un público cada vez más amplio que comenzaba a adorar su música.

En 1904, siendo ya un músico bastante conocido, protagonizaría un episodio que ayudaría a consolidar su fama. La anécdota sucedió en el Johnson's Park, un bonito lugar al que un público variado acudía para escuchar a la Créole Orchestra que dirigía John Robinchaux, un músico y director que en ese momento disfrutaba de una enorme fama en la

zona de Louisiana. Había sido percusionista de la Excelsior Jazz Band
hasta el año anterior y ahora actuaba frecuentemente en el circuito de
Nueva Orleans dirigiendo su propia formación. Bolden lo consideraba
un músico pasado de moda y se sentía molesto por su éxito, veía en él a
un líder atrapado en un sonido ya oxidado, quería que la gente pudiese comparar entre la música de Robinchaux y la suya propia. Acudió
con sus músicos al parque y se situaron en el lugar opuesto al escenario
donde actuaba la Creole Orchestra, con el numeroso público asistente
justo entre ambas formaciones. Desde allí comenzó a tocar con todas
sus fuerzas, lanzado su sonido como un desafío lleno de vida en puro
estilo hot. Cuando el público escuchó la nueva música no dudo en darse
la vuelta y, olvidándose por completo del viejo ragtime de Robinchaux,
aplaudió con entusiasmo al moderno y osado cornetista. Este suceso
circularía de boca en boca con rapidez, aumentando la fama de Bolden
y convirtiéndole en un personaje triunfador que accedía por fin al estrellato en su ciudad.

Pero las cosas se torcieron y la vida profesional de Bolden no llegaría
a ser lo suficientemente larga como para permitirnos saber hasta dónde
le hubiese llevado su talento. Durante los dos años siguientes sería una
figura clave del jazz en Nueva Orleans, un músico reputado que incluso
se permitía ironías al tocar la última pieza de sus repertorios. Cuando
el público era de un estrato social más bien bajo se despedía con «Get
Out Of Here And Go Home», y ante audiencias más refinadas la pieza
elegida era «Home! Sweet Home!».

La salud del cornetista comenzó a deteriorarse hacia 1906. Los primeros brotes, de lo que finalmente sería diagnosticado como una enfermedad mental, aparecerían inesperadamente, y la afición a la bebida
ayudó a acentuar el problema. Los síntomas más frecuentes eran las
actitudes violentas y las reacciones alejadas de la realidad. Todo ello se
iba adueñando de su personalidad, transformando a Buddy en un hombre muy diferente, lejos del divertido artista que todos conocían en la
ciudad. La prensa de la ciudad publicó el 27 de mayo de ese año la noticia de un ataque violento del cornetista a su suegra, documentando un
suceso que seguramente sería uno más entre otros muchos de la misma

índole. Durante las temporadas en que estos ataques le afectaban, Bolden era incapaz de tocar y se veía obligado a refugiarse en casa, junto a una familia que desconocía la mejor forma de tratarle y que sufría los incontables problemas que el músico les causaba. Cuando los síntomas desaparecían regresaba a sus obligaciones como líder de la banda. Pero su enfermedad se iba agravando y terminaría distanciándole de los músicos que también habían sido sus amigos. Finalmente fue despedido de su propio grupo. Se hallaba en un estado que hacía pensar que cualquier posibilidad de encauzar nuevamente su vida era imposible. El rey del jazz de Nueva Orleans comenzó a aceptar trabajos como acompañante, tocando, entre otros músicos de aquellos días, junto a Henry Allen y su Senior Brass Band. Eran tiempos difíciles, algunos testimonios afirmaron que su enfermedad afectó también a su forma de tocar; había perdido su conocida vitalidad para volverse errático e inseguro. Su técnica con la corneta estaba cada vez más cercana a la absoluta incoherencia y era ya difícilmente ubicable en el contexto de un grupo instrumental.

Bolden se hallaba perdido en su propio mundo, había caído de su trono y ahora se le podía ver como músico callejero, atrapado en unas formas de concepción de la música que solamente él podía entender. La decisión de internarlo en un centro de salud mental la tomó su familia cuando consideró que Buddy era un peligro para los demás y para él mismo. Su nuevo hogar iba a ser el Hospital del Estado de Louisiana en Jackson, donde se le diagnosticó paranoia acompañada de alucinaciones auditivas y demencia precoz. Los informes médicos fueron bastante claros y se consideró que el cornetista debía permanecer internado por tiempo indefinido. Tenía solo 29 años y había disfrutado de la gloria muy brevemente, durante cinco años había sido el rey indiscutible del jazz de Nueva Orleans, verdadero responsable de dar forma a un estilo y moldear la música en beneficio de lo que terminaría siendo el futuro del género.

Viejas historias de aquellos años cuentan que llegó a tocar en la banda del hospital, y que su casi permanente estado de ausencia de la realidad se transformaba en luminosa vitalidad cuando se le presentaba la oportunidad de tocar la corneta. Había llegado a ser alguien impor-

Nueva Orleans en 1900. Buddy Bolden procedía del distrito negro de esta ciudad norteamericana, considerada cuna del jazz.

tante, y obtendría el reconocimiento de algunos maestros posteriores a él. Años más tarde Duke Ellington le rendiría tributo en la suite «A Dream Is A Woman», con Clark Terry a cargo de la trompeta y compuesta por Sydney Bechet con la pieza «Buddy Bolden Stomp». Murió en septiembre de 1931 después de sufrir complicaciones cardiacas y un acentuado deterioramiento de la salud en general. Ese mismo año, el viaje de Louis Armstrong a Europa ayudaría no solo a la expansión del jazz de Nueva Orleans, sino al inicio de la gran difusión de la nueva música.

3. louis armstrong

louis armstrong

Pocos músicos han aportado al jazz tanto como Louis Armstrong. Durante décadas algunos de los mejores trompetistas del mundo han reivindicado su figura afirmando que este músico de Nueva Orleans fue, y sigue siendo, una de sus influencias más grandes. La luz de Armstrong sigue iluminando el jazz de hoy, y no solo lo hace por sus logros con la trompeta, sino porque sigue allí para perpetuar también el profundo conocimiento de la música al que la obra de este pionero nos facilita el acceso. Hoy, en plena segunda década del siglo XXI y pasados ya muchos años desde la muerte del trompetista, su gigantesco legado continua afectando a generaciones emergentes de músicos de todo el mundo. Muchos lo consideran el maestro del jazz más representativo de todos los tiempos, y casi nadie negaría que fue el mayor responsable de sacar su música del gueto y conquistar un público mayoritario de todas las condiciones y procedencias sociales.

Louis Armstrong, también conocido como Pops o Satchmo (contracción que significa «boca de hucha») nació hacia el año 1900 en Nueva Orleans, la ciudad sureña en donde la tradición ha querido ubicar la cuna del jazz. Su familia era de procedencia muy humilde. Su infancia en el barrio de Storyville, conflictivo distrito donde se concentraba buena parte de la vida nocturna de la urbe, sería un hecho que determinaría enormemente su posterior dedicación a la música. Abandonado por su padre y criado por una madre que se dedicaba periódicamente a la prostitución, el joven Louis pudo conocer desde niño, y como algo totalmente cotidiano, la cara más sórdida de la vida. Residía en un barrió donde compartir juegos callejeros con ladronzuelos, relacionarse con proxenetas o corretear entre prostitutas estaban a la orden del día. Quizás, los recuerdos menos turbios de aquellos primeros años de su vida se ubiquen en la época en que Louis tuvo que trasladarse a vivir con su abuela, Josephine Armstrong, ya que su madre no podía hacerse cargo de su cuidado. Aquella mujer fue, según los recuerdos del músico, la única persona que se preocupó en dar al muchacho una educación esmerada unida a un profundo cariño. El propio Armstrong, en las memorias que escribió sobre sus años en Nueva Orleans, narra como siendo un niño se dejaba fascinar por las bandas de músicos callejeros que frecuentaban su distrito. Le encantaba detenerse para escucharlas y se esforzaba por reconocer las distintas peculiaridades tímbricas de los instrumentos que las formaban. Buddy Bolden era el rey del jazz en la ciudad, y cuenta Armstrong que tuvo la oportunidad de escucharlo, aunque más tarde afirmó que le disgustaba la desmesurada fuerza con la que el misterioso pionero soplaba su corneta. Prefería el sonido de Bunk Johnson, también cornetista que terminaría siendo una de sus primeras influencias.

La llegada del hot

El ambiente musical del barrio de Storyville durante aquellos años debió ser bullicioso y muy mestizo. Múltiples culturas procedentes de países como Francia, España y Holanda, así como la propia tradición de los negros llegados desde África como esclavos, otorgaban a la ciudad un aire cosmopolita, y Storyville era el lugar adecuando para que toda esa mezcla explotase en forma de música y baile. El primer jazz de Nueva Orleans, heredero directo del ragtime que había triunfado desde el siglo anterior hasta los primeros años del siglo XX, se conocía también como música hot, palabra inglesa cuya traducción más directa sería *caliente* o *picante*. El hot inflamaría las sonoridades de las bandas de la vieja ciudad y mantendría su influencia durante los años treinta cuando los orquestas del swing se adueñaron de la escena musical. La llegada del bebop en los

Armstrong, alrededor de 1930, ya era considerado un instrumentista brillante, y se estaba convirtiendo en una gran estrella de la música popular americana.

cuarenta supondría el declive de esa forma de hacer y entender la música. Louis tendría su primera oportunidad de familiarizarse con la técnica de la trompeta a causa de un incidente desafortunado, su ingreso en un reformatorio a causa de una pequeña travesura. Nueva Orleans era una ciudad que vivía con entusiasmo la celebración de la Noche Vieja, sus calles se llenaban de desfiles y bailes, todo era una gran fiesta en la que los petardos no podían faltar. Algunas personas, en plena euforia por la entrada del año nuevo y para unirse al estruendo de los petardos, disparaban sus pistolas tirando al aire. Louis cometió el error de hacerlo sin ser consciente de que un agente de policía lo estaba observando. Esa travesura siempre fue narrada por el trompetista como una inocente equivocación de su infancia, desprovista de mala intención e injustamente castigada, pero no pudo librarse de una condena que le obligaría a pasar una temporada encerrado en una institución. Allí, por iniciativa de uno de los responsables del lugar, recibió lecciones de corneta y participó como instrumentista en la banda del centro. Fue tan solo

Barcos como el de la fotografía, de la compañía Streckfuss, acogieron con frecuencia actuaciones de Louis Armstrong. Estos navíos que circulaban arriba y abajo del Mississippi eran frecuentemente concebidos para la diversión, con sus bailes y casinos sobre el agua.

una formación básica, pero fue decisiva para convertirse en un músico profesional. Una vez libre comenzó a trabajar en las tabernas y cabarés de Storyville. Su carrera se estaba iniciando en el circuito de garitos de la bulliciosa ciudad del Delta del Mississippi, eran los primeros impulsos de lo que terminaría avanzando con la fuerza suficiente como para convertirle en uno de los músicos más importantes y decisivos que haya dado la historia del jazz. Trabajó para algunos destacados líderes de las bandas de aquellos años, contratados por los mafiosos que dominaban la vida nocturna y debían asegurar buenas dosis de diversión en el circuito de garitos que tenían bajo control. Durante este primer período como músico profesional su estilo ya mostraba aspectos que luego se convertirían en definitorios de su forma de tocar: un sonido impecable y un dominio del vibrato que, unidos a una cuidadosa elección de las notas, la líneas melódicas y un sentido natural del swing, conformarían el arte del joven Armstrong. Algunos historiadores creen que durante esos años recibió las enseñanzas y los consejos de King Oliver, uno de los cornetistas más brillantes entre los pioneros del jazz. Oliver, que sería bien conocido por sus aportaciones al primer jazz, fue un músico que tuvo un papel importante en la carrera de Louis Armstrong. Se ha querido ver en él a una de las influencias más destacadas del joven trompetista, algo muy posible dado que fue uno de los músicos más famosos y admirados en aquellos primeros días del jazz en Nueva Orleans.

Antes de 1920 Armstrong ya era un músico activo en su ciudad natal. Para comprender el ambiente en que el jazz se producía en aquella época en Nueva Orleans, es necesario esbozar un retrato del distrito de Storyville. Esta zona de la ciudad fue conocida por ese nombre entre los años 1897 y 1917, ya que fue el concejal Sydney Story quien tuvo la iniciativa de crear este peculiar distrito. Se trataba de una zona de prostitución tolerada. Sus fronteras, como consecuencia del propósito del ayuntamiento de mantener a las prostitutas en una zona controlada, estaban perfectamente delimitadas, y la cercanía de un puerto por el que pasaban marinos y aventureros de todo el mundo hizo que el barrio viese crecer sus negocios, ofertando música en vivo en gran cantidad de sus tabernas y restaurantes. En los años en que el ragtime evolucionaba hacia el primer jazz, Storyville se convirtió en el lugar propició para que la nueva música floreciese.

Muchas de las orquestas contratadas llegaron a bautizarse con el nombre del local donde trabajaban y algunas de las composiciones de esos años llevaban los nombres de lugares de la ciudad. Mafiosos de diversas nacionalidades dominaban los garitos del distrito y eran quienes contrataban a los músicos de jazz. Mal visto por los estratos más conservadores de la sociedad y ante la imposibilidad de controlar todo lo que en sus calles ocurría, Storyville fue cerrado en 1917, y más tarde demolido para construir un distrito de viviendas cuyas características nada tendrían en común con el antiguo barrio del jazz. Pero Satchmo no iba a quedarse allí mucho tiempo. En 1918 se le presentaría una oportunidad que sin duda sería importante para su futuro profesional. Su mentor, King Oliver, que había decidido abandonar la orquesta de Kid Ory en la que había ocupado el puesto de cornetista, recomendó a Louis para que fuese su substi-

tuto. Una vez obtuvo el puesto las actuaciones comenzaron a sucederse y el recién llegado pudo realmente ganarse la vida como músico. Y cuando había algún paréntesis entre actuación y actuación de la banda, tocaba junto a otros músicos como Fate Marable.

Los barcos de vapor de la compañía Streckfuss acogieron con frecuencia actuaciones de Louis Armstrong. Estos navíos que circulaban arriba y abajo del Mississippi eran frecuentemente concebidos para la diversión, con sus bailes y casinos sobre el agua. Durante los primeros años del siglo XX fueron una fuente de trabajo importante para los músicos del Sur y uno de los lugares donde la música se desarrolló y evolucionó. Armstrong realizaría diversos trabajos como músico durante este época, y cuando su amigo King Oliver lo llamó en 1922, para solicitar sus servicios como segundo cornetista de su banda, la Creole Jazz Band, era ya un instrumentista bastante experimentado, curtido y seguro de sí mismo.

Las primeras grabaciones

La oportunidad de formarse tocando con músicos más experimentados que él había sido muy bien aprovechada. Aceptar la propuesta de Oliver suponía ir a trabajar a Chicago, eran los años en que la ciudad norteña vivía el primer éxodo del jazz con la llegada de músicos procedentes del Sur para trabajar en sus salones de baile. Allí Armstrong tendría también ocasión de realizar sus primeras grabaciones. En esos registros, la presencia de un excelente segundo cornetista es evidente. Louis pronto adquiriría una buena reputación entre los músicos de Chicago. Promesa del hot jazz, su papel de segundo en la banda de Oliver no tardaría en desvanecerse hasta desaparecer del todo. Permaneció en la ciudad entre 1922 y 1924, dos años en los que su trabajo estable junto a Oliver no le impediría participar en interesantes colaboraciones en otros proyectos, especialmente en las grabaciones impulsadas por el pianista Clarence

Antes de 1920, Armstrong ya era un músico activo en su ciudad natal, Nueva Orleans.

Williams que ejercía el cargo de director musical del catálogo de músicos negros para el sello discográfico Okeh, compañía que editó buena parte del material imprescindible para comprender los primeros tiempos del jazz. Aquellos años en Chicago, además de sentar las bases de la futura y exitosa carrera de Armstrong, fueron también la antesala de un segundo encuentro que nuevamente actuaría en beneficio del cornetista. Fletcher Henderson era un notable director de orquesta de Nueva York que contaba con una gran reputación entre los circuitos de actuaciones de la Costa Este. La característica más destacada de su orquesta era la gran importancia que Henderson concedía a los arreglos instrumentales y al sonido colectivo. Ello suponía una marcada diferencia con el estilo de Nueva Orleans, más visceral y dado a fomentar la individualidad de los solistas. Ya en Nueva York y trabajando con Henderson, Armstrong tuvo que enfrentarse a esta forma de concebir un grupo de instrumentistas, totalmente nueva par él, llegando a la conclusión de que era de vital importancia que aprendiese a leer música. A pesar de lo acertado de esta decisión, su estancia en la orquesta no le supuso más que ser relegado a un segundo plano, coartando la capacidad de realizar proezas instrumentales que sin duda ya poseía en esos días. En 1924, ya se intuía que Louis Armstrong terminaría convirtiéndose en el cornetista más importante de su época, pero su vertiginoso ascenso comenzaría al año siguiente, cuando de regreso a Chicago se convirtió en un músico de fama considerable.

A mediados de los años veinte Chicago era una de las grandes capitales de la música de los Estados Unidos. Millares de afroamericanos, cuyas familias se habían asentado en la ciudad después de la Guerra de Secesión, seguían buscando las oportunidades que el Norte, rico e industrializado, podría ofrecerles para optar a una mejor vida. El jazz y el blues estaban garantizados en los numerosos locales de la ciudad donde se ofrecía música en directo. La ciudad contaba con músicos excelentes que solo encontraban competencia en las bulliciosas ciudades de Nueva Orleans y Nueva York. El Chicago de 1925 debió de ser un buen lugar para Satchmo, allí podía relacionarse con instrumentistas de nivel y dar a conocer su propio talento. En febrero del año anterior, durante su

primera estancia la ciudad, se había casado con la pianista y cantante
Lil Hardin, y ahora se unía también a su esposa como cornetista de su
orquesta. Iban a trabajar juntos en el Dreamland, uno de los numerosos
salones de baile de la época, el mismo lugar donde Clarence Williams
le abriría las puertas de Okeh para grabar su música. La oportunidad
llegaba en el momento más adecuado, el grupo estaba preparado para
ello y la fama de Armstrong se vería beneficiada por aquellas sesiones.
En realidad, estas grabaciones para Okeh impulsaron el ascenso me-
teórico del cornetista, a quien es fácil imaginar en aquellos momentos
creándose un futuro como líder de sus propios proyectos para cerrar
definitivamente una etapa de su carrera en la que sus valiosas aportaciones como instrumentista se habían producido en el seno de orquestas
dirigidas por otros.

Armstrong grabaría el 12 de noviembre de ese año como líder de
sus Hot Five. Los cortes incluidos en esa sesión se convertirían en los

El grupo Hot Five liderado por Louis Armstrong a la corneta, Johnny St. Cyr a la guitarra,
Johnny Dodds al clarinete, Kid Ory al trombón y Lil Hardin Armstrong.

primeros latidos de la carrera en solitario de un nuevo mito y genio musical, y la serie completa para Okeh terminaría siendo considerada entre los grandes clásicos del primer jazz. Eran fonogramas que cobraron vida en un año especialmente bueno para la música afroamericana. Los lanzamientos discográficos de músicos como el trompetista blanco Bix Beiderbecke, o los directores de orquesta Bennie Motten y Fletcher Henderson pondrían el acento musical a 1925, un año muy decisivo para la evolución del primer jazz. En ese momento del proceso es imprescindible pensar en el cornetista como una clara representación de la avanzadilla musical de mediados de la década de los veinte. Los Hot Five estuvieron formados por músicos cuyo gran talento estaba unido a una actitud musical inquieta. Fue un quinteto sólido y bien cohesionado, que en ocasiones se transformaría en septeto para algunas sesiones de grabación. En su seno estaban el trombonista Kid Ory o el clarinetista Johnny Dodds, virtuosos músicos cuyas capacidades no pudieron hacer sombra al Armstrong de aquellos días. La primera etapa del grupo también fructificó en algunas grabaciones que renovarían claramente el estilo Nueva Orleans, siendo la principal aportación del quinteto poner en un primer plano la figura del solista. Armstrong se estaba alejando del concepto de música colectiva que había prevalecido en el jazz hasta entonces, las grandes individualidades, que no tardarían en convertirse en un elemento inseparable del jazz, se anunciaban ya en esas grabaciones de Chicago. Basta escuchar la música que el grupo registró durante los años 1925 y 1926, desde «Get Bucket Blues» a «Heebie Jeebies», «Muskrat Ramble» o «Cornet Chop Suey», para comprender claramente que el grupo actuaba totalmente al servicio de un solista.

Referente del scatt singing

Todo el mundo sabe que Armstrong destacó también como cantante, y muy especialmente como referente esencial del llamado scatt singing, estilo en el que la voz actúa como un instrumento musical pronuncian-

Armstrong destacó también como cantante, y muy especialmente como referente esencial del llamado scatt singing, estilo en el que la voz actua como un instrumento musical.

do sílabas que a veces no tienen significado y cuyo único sentido es el puramente musical. En «Heebie Jeebies», uno de los clásicos de los Hot Five, ya es posible escuchar un scatt básico, primitivo, casi esencial pero nada rudimentario y dotado de todo lo necesario para intuir que el estilo evolucionará reuniendo lo necesario para desarrollar sus posibilidades y ser adoptado por numerosos vocalistas de jazz. Esa forma de canto, que Armstrong perfeccionaría y terminaría alternando en sus discos con su papel como instrumentista, contribuiría enormemente al gran éxito comercial que acabaría consiguiendo. La frecuente utilización de esta técnica durante los años treinta motivó que algunos críticos

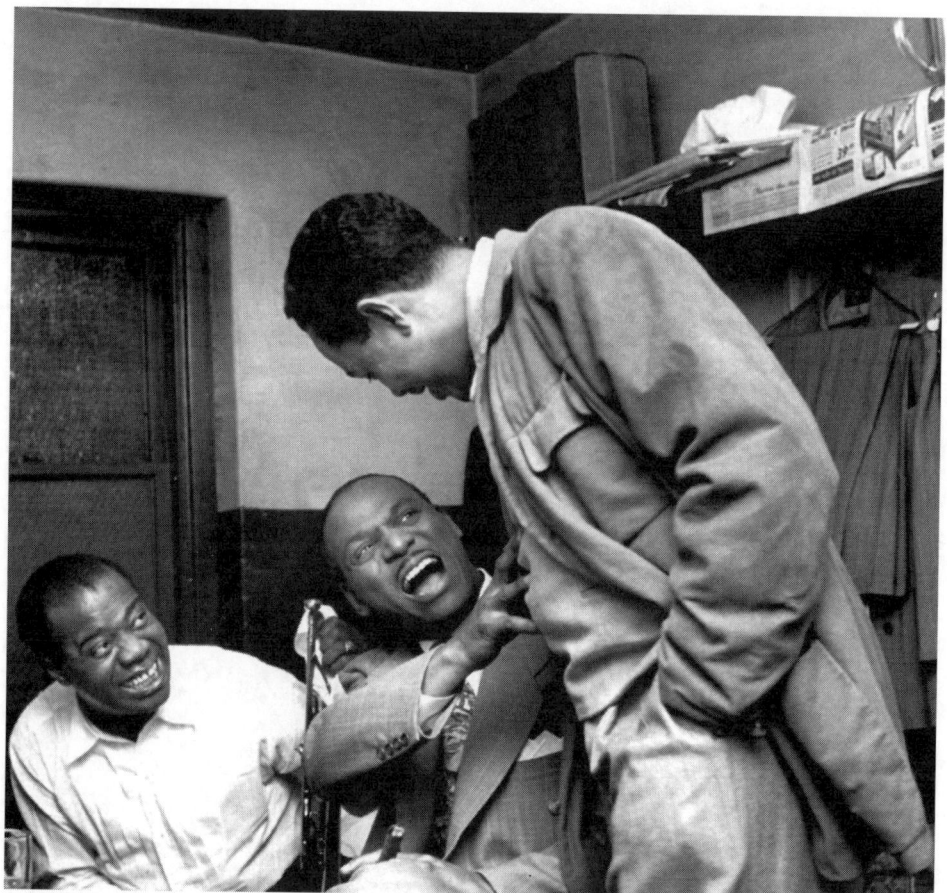

De izquierda a derecha, Louis Armstrong, Earl Hines y Billy Eckstine.

llegasen a opinar que se había producido una decaída en su papel como trompetista, pero esas opiniones en nada afectaron a que esa década fuese la que le consagrase definitivamente como artista. A finales de los años veinte, en plena segunda etapa de los Hot Five, el grupo grabaría *Savoy Blues* y contaría para la ocasión con Lonnie Johnson, un guitarrista de gran técnica y sonido refinado. En ese registro los solos de Armstrong muestran a un músico que ha conseguido un lenguaje propio, una forma de expresarse con el instrumento que permite identificarlo por su singularidad y marcada personalidad. Ahora el sonido del grupo también ha evolucionado, ganando en intrepidez y flexibilidad. Todo, en conjunto, ha adquirido una sonoridad lograda y claramente propia.

Pèro no todos los logros del grupo fueron mérito de Armstrong, los nuevos miembros incorporados al combo y muy especialmente el baterista Zutty Singleton y el pianista Earl Hines, aportarían también nuevos brillos e interesantes pasajes musicales. Con Hines integrado en los Hot Five el piano daría un paso adelante, adquiriendo un papel como parte de los instrumentos melodistas sin precedentes en el jazz anterior. Entre las grabaciones esenciales de esa época destacarían: «Fireworks», «Skip The Gutter» y «West End Blues». Dos títulos más, «St. James Infirmary» y «Basin Street Blues», terminarían convirtiéndose en clásicos y estarían presentes con frecuencia en los repertorios de Satchmo.

Hacia 1929 Louis Armstrong debió sentir la necesidad de realizar cambios en sus planteamientos musicales. La fórmula de pequeño grupo, que tan bien había sabido desarrollar desde sus inicios, le había dado buenos resultados llevándole hasta cotas de indudable calidad y originalidad. Pero ahora su espíritu creador ansiaba experimentar lo que podía ocurrir si tomaba un camino distinto al conocido. Trabajar en el contexto de una formación instrumental más grande posiblemente lo ayudaría a traspasar nuevos horizontes musicales. Fue aclamado como estrella en Broadway, donde interpretó papeles para diversas revistas; verle trabajar con importantes músicos en formaciones de diez instrumentos o más ya no era difícil.

Estas bandas, que lo llamaron para que fuese su solista principal entre 1929 y 1935, fueron las de Les Hite, Carroll Dickerson y la del Coconout Grove, además de otras que fueron creadas especialmente para las giras y las sesiones de grabación. Todas ellas se caracterizaban principalmente por interpretar arreglos concebidos para que Armstrong se pudiese situar en primer plano como el gran protagonista. Fueron años en los que tendería a incluir en sus repertorios numerosas partituras extraídas de los conciertos de variedades, obras firmadas por músicos blancos que lo alejaban, en cierta medida, de las composiciones que reinaban en la música afroamericana que se había creado hasta entonces. Era ya un instrumentista brillante y dotado, aunque en esos días no faltó quien lo acusara de buscar el efectismo y la apariencia de proeza instrumental por encima de la honestidad como músico. Se estaba convir-

Louis Armstrong, Billie Holiday y Barney Bigard interpretando «Do You Know What It Means to Miss New Orleans» en una escena de la película *New Orleans* (1947).

tiendo en una gran estrella de la música popular americana y disfrutaba de esta situación a la vez que, por encima de otras preocupaciones, se esforzaba en desarrollar sus posibilidades en el contexto de formaciones instrumentales más amplias.

La primera etapa de la vida profesional de Armstrong terminaría cumpliendo con éxito el cometido de moldear al músico completo. Había conseguido alcanzar un buen adiestramiento en diversos tipos de grupos y adquirir las habilidades necesarias para renovar la música a partir de un profundo conocimiento de la tradición. Su talento contribuiría eficazmente para ubicar a la trompeta en un lugar importante en la música en general y muy especialmente en el marco del jazz. Terminó elevándola a instrumento rey de la época y sus aportaciones influenciaron a varias generaciones de trompetistas. Cuando sus días en Broadway culminaron como un intenso y no siempre aceptado capítulo de su carrera, que también le haría participar en el cine y el mundo del espectáculo en general, el espíritu de los días en Chicago volvió a instalarse en su interior. Ahora deseaba volver a actuar y grabar en el seno de formaciones reducidas, y está decisión le volvería a situar en las formas del jazz de Nueva Orleans. Las nuevas sesiones de los Hot Five lo mantuvieron ocupado durante el verano de 1928. El jazz vivía en ese momento novedades formales y estéticas que ampliaban las posibilidades expresivas de los solistas, y Armstrong era perfectamente consciente de esos cambios. Los Hot Five, a veces ampliados a Hot Seven, centraban buena parte del interés de la afición de la época, y la lista de trompetistas influenciados por Satchmo no dejaba de crecer. A pesar de ese clima de bonanza, las substituciones se iban sucediendo en el seno del grupo. Finalmente, con la cuarta versión, la banda se optimizaría y los objetivos podrían ser alcanzados. Esta formación estaba constituida por: Armstrong, Earl Hines al piano, Jimmy Strong al clarinete, Fred Robinson al trombón, Mancy Cara al banjo y Zuggy Singleton a la batería. Entre el repertorio que grabaron destacan títulos como: «Two Deuces», «A Monday Date», «Skip The Gutter» o «West End Blues», autenticas joyas de la música *hot* del momento. Todo parecía ir bien y el retorno a la actividad de una de las formaciones más celebradas de Armstrong prometía dosis de gran música y numerosos contratos de trabajo, pero una nube de acontecimientos oscuros, que ya se cernía sobre la América de esos años, iba a terminar afectando también al mundo de la música.

El auge de la radio

Era el final de los años veinte y la crisis económica dificultaba a los músicos tener un trabajo regular en los clubes. La escasez de dinero estaba provocando una transformación importante en los presupuestos de los pequeños y grandes promotores de conciertos, y también en los hábitos del público a la hora de salir a divertirse. La alternativa a esta situación sería el auge de la radio como medio de comunicación de masas acompañado por el crecimiento de la industria discográfica. Tommy Rockwell, responsable de la compañía discográfica Okeh, iba a convertirse en esos días en el mánager personal de Satchmo. Hombre activo y siempre dispuesto a emprender iniciativas, pronto se puso manos a la obra, y no tardó en organizar algunas sesiones de grabación en Nueva York, surgiendo de estas dos éxitos tan grandes como: «Knockin' A Jug» y «I Can't Give You Anithing But Love». Tras grabar estas tomas, Armstrong pasó una temporada en California y allí ideó el proyecto de reunir a las músicos más adecuados para formar una nueva orquesta. Una gira por los estados del Sur le haría darse de bruces con el problema del racismo, aunque su reacción sería la propia de alguien que se toma la vida con cierto sentido del humor. La orquesta fue arrestada y llegaron a pasar una noche en la cárcel, pero Satchmo se vengó a su manera. Invitado a un programa de la radio local, no dudo en hacer una divertida sátira contra el jefe de policía de aquel lugar. Eran días en que la orquesta vivía todo tipo de situaciones, a las que se añadían complicaciones de las que siempre sabían salir con cierta gracia. Los primeros problemas de salud de este gran músico surgieron durante este período. La dificultad para cicatrizar las heridas en los labios llegaría a obligarle en ocasiones de dejar de tocar durante varios días seguidos.

A pesar de esos inconvenientes seguía siendo una estrella. Las continuas alabanzas de la crítica y sus triunfos en Europa lo colocaban en un lugar de honor al que pocos músicos de jazz habían accedido en ese momento. Su éxito era tal que llegó a participar en la famosa serie de dibujos animados protagonizados por Betty Boo, actuando en un dúo vocal con la heroína. Pero una cierta sensación de estancamiento se había apoderado de él y no parecía querer abandonarle. Ese sentimiento le afectaba tanto en el terreno artístico como en el de las decisiones prácticas que se veía obligado a tomar para organizar su carrera. El encuentro en Chicago con el pianista, Teddy Wilson, lo ayudaría a salir de esa crisis. Wilson, uno de los referentes del swing, que también contribuiría en algunas sesiones maravillosas junto a Billie Holiday, era uno de los más refinados pianistas de aquellos días. Dotado de una técnica extraordinaria y un incuestionable buen gusto, sus sesiones junto

Louis Armstrong interpreta un tema
a su esposa Lucille delante
de la Esfinge de las pirámides de
Giza, en 1961.

a otros músicos y su legado como solista fueron la muestra más clara
de su grandeza. Grabó junto a Armstrong una docena de títulos para
la compañía Victor, incluyendo una magnífica intepretación de «High
Society», donde el gran nivel de ambos artistas convertiría en una pieza antológica. Wilson, cuya elegante concepción del piano supuso un
acertado contraste a la expresiva energía de Armstrong, terminaría siendo un músico importante, especialmente después de que el productor
John Hammond lo ayudase a conseguir, a mediados de los años treinta,
un contrato con la discográfica Brunswick. Pero la brillantez de Wilson
no sería suficiente para librar a Satchmo de sus problemas. Conflictos con la mafia causados por John Collins, su mánager de entonces,
unidos a la dolencia en sus labios, harían resurgir en él la sensación de
evidente cansancio físico y moral. Necesitaba un impulso que propiciase un cambio. Regresó a Europa, concretamente a Inglaterra, pero allí
solo consiguió que la crítica europea dijese de él que había entrado en
una etapa de decadencia, y el reencuentro con el público británico nada
tenía que ver con el artista impactante e incomparable de anteriores

visitas. Le acusaron de falta de ideas e inspiración, pero él, en lugar de
desmoronarse, se sumió en una gira organizada por su nuevo mánager
John Hicks que le llevaría a actuar en Holanda, Dinamarca y Suecia.
En Copenhague llenaría los Tivoli Garden durante ocho noches con-
secutivas alcanzando un éxito sin precedentes. Al finalizar ese contrato
decidió fijar su residencia en París y su estancia en Francia tuvo mucho
de dulce y glamourosa. Habitualmente tratado como una estrella, era
invitado a actos sociales y culturales de relevancia. Gozaría sin límite
de las ventajas que la popularidad ponía a su alcance, así como del trato
dado en Europa a los músicos de jazz, tan alejado del que en esos tiempos era habitual en su país de origen. Su carrera se enderezaría y tomaría el rumbo correcto algo más tarde, ya con Joe Glaser como mánager.
El jazz había entrado de lleno en la era dorada del swing y reinaban las

Concierto en París en 1967, cuatro años antes de su fallecimiento. Como le dijo a su médico
en una ocasión: toda su vida, su alma y su espíritu estaban en soplar su trompeta.

orquestas de Count Basie, Jimmy Lunceford, Duke Ellington, Tommy Dorsey o Glenn Miller. En el fondo de toda esa gran música la influencia de Armstrong latía con fuerza y nadie dudaba en reconocerlo abiertamente. Su paso por la década lo mantendría sin problemas en el nivel de estrellado que le correspondía. Pronto iniciaría su diversos trabajos para varias orquestas y comenzaría a pensar en la posibilidad de adaptar canciones procedentes de la música popular. La grabación de su versión de «La Cucaracha», serviría para ejemplificar una cara de Armstrong al servicio de los intereses comerciales, pero nunca desprovista de la gracia y el talento que lo caracterizaban. Otros títulos, que sin duda reflejaban su gusto por las melodías románticas serían tratados como adaptaciones sin caer en lo fácil o superficial. A continuación vendrían años de trabajo intenso, junto a formaciones distintas y con diversos directores musicales. Armstrong estaba en la brecha, muy creativo y con las fuerzas suficientes para soportar largas giras y cansadas sesiones de grabación. Directores de cine como Orson Welles o Vicente Minnelli mostraron su interés para que colaborase en sus proyectos, estos acercamientos llegaría a fructificar con su participación en la película *Cabin In The Sky* de Minnelli.

Las nuevas tendencias

Cuando llegó el fin de la Segunda Guerra Mundial, el estilo bebop de Charlie Parker y Dizzy Gillespie estaba relegando a un segundo plano a los viejos héroes del swing. El estilo Nueva Orleans era ya antiguo, pero sus formas, más o menos evolucionadas, habían seguido su camino sin perder demasiado éxito y manteniendo el interés del público, incluso los años de gloria de las grandes orquestas de swing habían sido permisivos dejando un espacio al viejo estilo sureño. Pero ahora la situación se estaba transformado de forma más profunda, el nuevo jazz, que había nacido como estilo minoritario, comenzaba a atraer a audiencias más amplias y los locales acogían a un público más intelectual y, por tanto, con una mayor predisposición a escuchar la música que a bailarla. Armstrong no duraría en mostrar una actitud negativa hacia la nueva tendencia y seguiría tocando su viejo estilo de siempre, sin preocuparse por la consecuencias que ello pudiese traerle. Los problemas económicos motivados por la guerra hacían que los directores de orquesta se planteasen tocar en pequeños grupos. Armstrong también terminaría tomando esa dirección. Grabaría canciones francesas como: «C'est Si Bon» o «La Vie En Rose» y un exitoso single con el tema «Mack The Knife» de Bertold Bertch. En 1946 era toda una celebridad, aunque algunos pensaban que sus incursiones en el cine le habían dado más fama que la música. Cuando en 1949 aceptó un papel pintoresco en la celebración del carnaval de Nueva Orleans, centró la atención de la prensa. La organización del Mardy Grass decidió elegirle ese año como rey del los Zulús. El comité que estaba a cargo de estas decisiones lo formaban clubes de blancos que dependían de las familias más ricas de la ciudad. Cada club elaboraba su propia carroza y ese trabajo solía suponer los esfuerzos de un año entero.

El club de los Zulús se había formado a principios del siglo XX por negros de la clase trabajadora, era uno más entre los clubes integrados por afroamericanos que se sumaban a la celebración del carnaval. Sus carrozas transportaban reyes y reinas que en lugar de provenir de las altas esferas lo hacían de gremios como los camareros y las empleadas domésticas. Era un intento evidente de parodiar lo que hacían los blancos en un tono que no dejaba de lado la crítica y la burla. Entre el colectivo afroamericano de Nueva Orleans la elección del rey de los Zulús era algo que se tomaba muy en serio. Como Armstrong, a pesar de haber abandonado la ciudad de muy joven, era un personaje muy celebre, se pensó en él como rey para ese año, y no dudo en aceptar la oferta. Se maquilló el rostro con grandes circunferencias blancas alrededor de los ojos, se caló una corona y una gran peluca negra y, cubierto por una resplandeciente capa de terciopelo recorrió la ciudad apoltronado en un trono sobre la carroza, bebiendo champaña y lanzando cocos contra el numeroso público que asistía al desfile. Las fotografías de Armstrong en semejante actitud corrieron por la prensa del país, y aquel evento terminó motivando el profundo disgusto de los aficionados al jazz y los dirigentes de los movimientos negros. Pero la publicidad provocada por este hecho actuó a su favor. La prensa indagó en sus orígenes y aparecieron artículos explicando desde su humilde procedencia a la difícil infancia que lo llevó a estar internado en un reformatorio. Mostraron al famoso jazzman en un contexto humano no desprovisto de elementos dramáticos, y eso fue beneficioso para su carrera.

Triunfando en las listas de éxitos

El trompetista inició una serie de exitosas colaboraciones con el pianista Oscar Peterson, cosechando con ello uno de los éxitos más populares de los años cincuenta. Entonces Satchmo era ya muy famoso y su figura contaba con la admiración de una amplísima gama de público. Su música había conquistado los gustos de los amantes del jazz y de los profanos del género, y la prensa contribuía al continuo crecimiento de su popularidad. La magnífica acogida que el público blanco le brindaba motivaría la llegada de severas críticas por parte de algunos altos representantes de la comunidad negra. En un intento de acusarlo de ser un afroamericano servil por su su papel como artista que divertía a los blancos, le llamaron Tío Tom, pero Satchmo no llegaría a preocuparse demasiado por ello. Nunca mostró una postura que lo relacionase con algún tipo de compromiso hacia los suyos y siempre huyó de dar opiniones sobre ese tema.

Era un gran artista que viajaba para actuar ante audiencias de todo el mundo y otros gigantes del jazz como Duke Ellington se mostraban dispuestos a grabar proyectos en colaboración con él. Llegó a actuar en África y Japón y sus giras europeas se repitieron con frecuencia. La edición del tema «Hello Dolly», grabada en Las Vegas en 1963, le haría alcanzar el número 1 de las listas de discos más vendidos y llegaría a dar conciertos en Rusia o la Casa Blanca para el presidente Johnson. Era respetado en todos los ámbitos y se convirtió en el embajador mundial de la cultura americana.

Sus problemas serios de salud comenzaron en 1967. Ese año tuvo que ser hospitalizado a causa de una bronconeumonía de la que terminaría restableciéndose después de una larga temporada de descanso. Luego volvería a trabajar incansablemente en diversas giras, pero su salud ya no volvería a acompañarle y volvería a ser hospitalizado en varias ocasiones. El éxito sin precedentes de «Hello Dolly» lo había situado en lo más alto de la música popular, pero ahora la indestructible salud que le había acompañado a lo largo de su carrera se estaba desvaneciendo a pasos agigantados. Su vida, en comparación con otros músicos de jazz, no estuvo marcada por los excesos, dejó de fumar a una edad prudente, gustaba de tomar algunos whiskyes al día y, aunque mantuvo una larga relación con la marihuana, nunca fue tan grave como para llegar a afectarle seriamente. Su principal problema residía en la dieta: siempre había disfrutado comiendo y gustaba de hacerlo en exceso, aunque sus gustos pocas veces se alejaron de los platos, elevados de colesterol, que tradicionalmente alimentaban a la gente más pobre de Nueva Orleans. Ya en 1959, durante su estancia en la ciudad italiana de Spoleto para ofrecer un concierto, sufrió un ataque cardiaco que se encubrió para no alarmar a los promotores y al público.

Los médicos ajustaron su dieta en un intento de mejorar su calidad de vida, le recomendaron que se tomase su trabajo con más calma, pero Armstrong no les hizo ningún caso. A mediados de la década de los sesenta era un enfermo cardiaco crónico que no dejaría de sufrir episodios de crisis en su salud. La caída definitiva se iba a iniciar a principios de 1971. Se estado era muy delicado pero a pesar de ello se había comprometido a realizar unas actuaciones en el Waldorf Astoria. Todo indicaba que aquel contrato le apetecía y no estaba dispuesto de ningún modo a cancelarlo. Su médico, el doctor Zucker, contó como después de advertir al trompetista que podía llegar a morir durante la actuación, este le respondió que no le importaba, que toda su vida, su alma y su espíritu estaban en soplar la trompeta. Deseaba complacer a la gente que ansiaba verle en ese concierto. Murió el 6 de julio de 1971 a causa de un fallo renal mientras era trasladado al hospital. Su funeral fue trasmitido por la televisión a nivel nacional y en 16 países del mun-

Louis Armstrong, quizá el mejor trompetista de jazz de la historia, fue un trabajador incansable durante toda su vida.

do vía satélite. Unas veinticinco mil personas desfilaron ante su ataúd situado en el Arsenal de la Guardia Nacional, por mediación directa del presidente de la nación, para dar el último adiós a uno de los más grandes trompetistas de todos los tiempos.

4. duke ellington

duke ellington

El trompetista Miles Davis afirmó en cierta ocasión que el mundo debería ponerse de rodillas ante Duke Ellington para darle las gracias. Semejante elogio, expresado por alguien a quien también se considera una de las figuras más grandes del jazz, no contiene ni una brizna de exageración ni responde a ninguna necesidad de hacer un cumplido. Ellington fue el creador por excelencia, el maestro de maestros que elevó el jazz a las cimas más altas y contribuyó con su música a hacer más sólida la identidad de la comunidad afroamericana y mejor conocida su cultura. Pianista, compositor y director de orquesta, Duke fue también creador de un universo musical propio que acabaría fascinando a aficionados de todo el planeta. Había nacido el 29 de abril de 1899 en el seno de una familia de la pequeña burguesía negra de Washington DC. Sus padres trabajaban en el servicio doméstico para las familias de la alta sociedad blanca de la ciudad, y ello contribuyó a que Duke fuese educado en las buenas formas y perfectos modales. Fue un músico de jazz con andares de *gentleman*. En la época en que el jazz de Nueva Orleans era la música de moda interpretada por pequeñas formaciones, Ellington no dudó en reunir a un grupo de músicos más numeroso y utilizarlo para desarrollar las avanzadas ideas que corrían por su cabeza. Lo creativo siempre imperó en su personalidad, llevándole muchas veces a intentar trascender las barreras genéricas del jazz para adentrarse en otros territorios a la búsqueda de posibles mezclas musicales. Fue un maestro en la utilización y combinación de las características tímbricas de cada uno de los solistas de su orquesta y también supo como sacar al exterior lo mejor de los músicos que trabajaron para él. Su principal competidora, la orquesta de Count Basie, llegó a ser definida como la más perfecta maquinaría del swing, la de Ellington, en cambio, mereció ser considerada como una formación al servicio de las ideas musicales y conceptos sonoros de su genial director.

Antes de iniciarse en la música el joven Ellington sintió una primera inclinación artística por la ilustración y el dibujo. Sus primeras relaciones con el jazz llegaron cuando ya era un adolescente. Cuando llegó el momento de tomar sus primeras lecciones de piano ya era consciente de que la música podía terminar convirtiéndose en su medio de ganarse la vida. Como es lógico, los encantos del ragtime le harían sucumbir durante sus primeros pasos como alumno. Era el sonido de moda de la época, un estilo que se había hecho enormemente popular gracias a la distribución de las partituras realizada por los editores musicales. En esa época el estilo Nueva Orleans se encontraba todavía en vías de desarrollo, era un momento en que algunos combos instrumentales se aventuraban a liberar al ragtime del formato piano, solo para ver como funcionaba cuando era interpretado por combos de cinco o seis músicos. Algo más tarde Duke partiría de ese estilo y lo haría evolucionar hacía un swing orquestal más latente, sofisticado y complejo. La música le atraía como un imán e intentaba estar pendiente de todo lo que sucedía en el colectivo de los creadores afroamericanos. Le encantaban las composiciones de James P. Johnson y pronto se familiarizó con algunos de los temas compuestos por el pianista. Johnson había destacado como solista de piano y también como músico de acompañamiento. Era uno de los referentes del estilo *stride* que sin duda influenció a Ellington. El papel que tendría junto a otros músicos como Jelly Roll Morton en la evolución del piano desde el ragtime al jazz sería decisivo.

Etapa de aprendizaje

Dispuesto a convertirse en músico profesional y con cierta formación académica a sus espaldas, en 1915 Duke decidió ampliar sus conoci-

The Washingtonians en 1924: Sonny Greer, Charlie Irvis, Bubber Miley, Elmer Snowden, Otto Hardwick y Duke Ellington.

mientos tomando lecciones con Doc Perry, un pianista de estilo *stride* al que admiraba tanto por su música como por su actitud de dandy. Ellington, en plena etapa de aprendizaje, asimilaba con facilidad las lecciones y dejaba que sus dedos errasen sobre el piano para encontrar ideas aplicables a través de los conocimientos adquiridos. Pasaba horas sentado frente al instrumento, sumido en una búsqueda incesante de melodías y armonías que lo llevasen un paso más allá de los conocimientos que adquiría en sus lecciones. Su inquietud necesitaba ser proyectada y la necesidad de escribir música terminó por apoderarse de él. Las primeras partituras firmadas por el joven pianista no tardaron en llegar, había pasado horas y horas dedicado a mejorar su técnica y aumentar sus conocimientos sobre armonía; ahora se sentía dispuesto a componer sus propios temas. Acostumbraba a asistir a torneos musicales, y sus esfuerzos por moverse en ellos con la máxima desenvoltura sumaron también a la hora de completar su formación. Por esa época ya participaba con diversos grupos semiprofesionales, y su espíritu inquieto y activo lo llevaba a veces a sobrepasar las funciones estrictamente musicales para ejercer como representante a la caza de trabajo. La primera de sus bandas la formó en 1919 y se llamaron The Duke Serenaders, aunque no tardaron en ser conocidos como The Washingtonians. Esa iniciativa sería el preludio de la formación de una orquesta a su propio nombre. En The Washingtonians trabajaban músicos como Otto Hardwick o Sonny Greer, que luego llegarían a tener un peso específico en la esfera ellingtoniana. Tres años más tarde nacería su hijo Mercer, fruto de su primer matrimonio. El chico heredó la dirección de la orquesta muchos años después, tras el fallecimiento de su padre, y publicó una biografía de Duke en colaboración con el crítico Stanley Dance. Pero en aquellos primeros días anteriores al inicio de su carrera Ellington se preguntaba si para conseguir el triunfo como músico debía trasladarse a Nueva York. Cuando esta idea terminó por convencerlo, visitó la Gran Manzana junto a sus compañeros de grupo, pero la intentona terminaría siendo un fracaso total, motivando el rápido regreso a su ciudad natal.

El período comprendido entre 1924 y el final de la década de los años treinta supondría el despegue inicial de Duke y su orquesta. Un segundo viaje a Nueva York, nuevamente decidido por la necesidad de encontrar un futuro en la escena musical, obtendría unos resultados muy diferentes a la frustrante primera visita. El primer contrato había llegado a The Washingtonians a finales de 1923. Venía de una taberna llamada Barron's y allí comenzaron a tocar alternando ese trabajo con otras actuaciones en un lugar llamado Hollywood Club. Se trataba de un local clandestino que pronto cambiaría su nombre por Kentucky Club, un garito donde la música interpretada por The Washingtonians mostraba una gran influencia de Fletcher Henderson, con un repertorio totalmente compuesto por piezas de baile. Arthur Whetson, uno de los fundadores de la banda, abandonaría el grupo ese mismo año y sería sustituido por el trompetista Bubber Miley, un talentoso instrumentista que pasaría a la historia por su dominio de la sordina para efectuar una interesante gama de sonidos con la trompeta. Miley, cuatro años

Instantánea muy *jazzera* en Harlem, Nueva York, alrededor de 1940.

más joven que Duke, entraría en el grupo, según la versión de Otto Hardwick, como consecuencia de las técnicas intimidatorias utilizadas por los miembros de The Washingtonians para convencerle. Eso ocurrió en 1923 y el trompetista, que permanecería en la orquesta hasta 1929, moriría prematuramente tres años después de dejar a Ellington. Fue responsable de importantes aportaciones al servicio de Duke, y su nombre acabó brillando en la historia del jazz con luz propia. Tanto su estilo como su técnica fueron decisivos para que la orquesta de Ellington obtuviese las sonoridades propias del jungle, estilo que estaba muy de moda en aquellos días. Poco después de su llegada, el grupo consiguió realizar sus primeras grabaciones, muy por debajo del nivel al que Ellington llegaría a acostumbrar al mundo. El estilo jungle estaba en boga en aquellos días, se trataba de crear sonidos para escenografías cargadas de exotismo cuya estética habitual era de ambiente africano. Miley, haciendo efectos con la sordina o utilizando un desatascador para conseguir un sonido wah-wah, contribuía magistralmente a la consecución de esas sonoridades. Ese estilo terminaría por adueñarse del

El célebre Cotton Club, Harlem, Nueva York , 1930.

repertorio del grupo durante aquellos años, aunque lo más significativo de esos días, trabajando en el Kentucky Club, sería la evolución desde un sonido todavía inmerso en el *dixieland* a la anticipación de una estética musical, poderosa y arrolladora que fructificaría poco después en la gran era del swing.

A principios de los años veinte los clubes nocturnos de Nueva York estaban ya en manos del crimen organizado. Los gangsters habían intuido las posibilidades de hacer negocio de estos lugares observando como el público blanco se aficionaba progresivamente a asistir a clubes donde artistas negros actuaban en el escenario. La incipiente afluencia de blancos de todas las procedencias sociales a los espectáculos de músicos de jazz, así como el creciente interés de ciertos sectores de la vida intelectual hacia esos ambientes, era una nueva realidad que se estaba consolidando a pasos agigantados, y para los reyes de la mafia todo aquello significaba dinero constante y sonante. Algunos clubes albergaban bajo un mismo techo a noctámbulos y bohemios de ambas razas, pero aunque los lugares que daban cabida a un público mixto eran numerosos, finalmente la tendencia de clubes con artistas negros y un público exclusivamente blanco, terminaría imponiéndose. Los gangsters de Nueva York no tardaron en ponerse manos a la obra, y la vida nocturna de la ciudad cayó en manos de pandilleros de altos vuelos. Se hicieron con el control de aquellos lugares y sus licencias en poco tiempo, poniendo en ellos a su propia gente o permitiendo a veces que los antiguos propietarios continuasen trabajando para ellos como encargados. El más famoso de todos ellos fue el Cotton Club de Harlem, un lugar que fascinaría al público y serviría de trampolín hacia la fama a numerosos artistas que pasaron por su escenario. El local había sido propiedad del campeón mundial de los pesos pesados Jack Johnson, que pensando en abrir un negocio con los beneficios que le había aportado el boxeo, decidió montar allí un restaurante llamado Club de Luxe. Pero la suerte no iba a estar de su parte en esta iniciativa. La quiebra le alcanzó en 1923 y una corporación de gangsters, liderada por Owney Madden, adquirió el local para convertirlo en el Cotton Club. Madden, a quien algunos conocían como «el asesino», alternaba durante esos días sus negocios mafiosos con la adquisición de los locales nocturnos más lucrativos de la ciudad. Llegó a poseer unos veinte y algunos de ellos fueron tan importantes que muchos personajes relevantes de la América de aquello años debían ser vistos y fotografiados en su interior para mantener su estatus de famosos.

Primer concierto en el Cotton Club

Ellington se presentó con sus músicos para realizar una prueba para actuar en el Cotton Club. En ese momento ya estaba libre de sus compromisos con el Kentucky y vivía de aceptar propuestas diversas. Superó la prueba con éxito, pero cuando los propietarios le anunciaron la fecha en que deseaban que comenzase a trabajar, un contrato con el Teatro Standard se lo impedía. Estaba claro que Owney Madden no iba a permitir que se anulara la función. Envió a uno de sus gangsters para que hablara con el gerente del teatro y todo salió según lo previsto. La táctica utilizada por el matón para convencer aquel pobre hombre ha quedado como una anécdota mítica en la historia del jazz. Se resume en una frase que salió de su boca durante aquel encuentro: «Sea generoso o será un cadaver» Aquello, evidentemente, dio resultado. Ellington entró en el Cotton Club para substituir a la orquesta de King Oliver, que había decidido renunciar a su puesto por sentirse insatisfecho con las condiciones económicas. Su agente, Irving Mills, le había convencido para que reforzarse la orquesta y ahora contaba con once músicos: el mismo al piano, Bubber Miley y Louis Metcalf a las trompetas, Joe Nanton al trombón, Otto Hardwick y Harry Carney a los saxos, Sydney Bechet al clarinete, Fred Guy a la guitarra, Wellman Braud a la tuba (se encargaría más tarde del contrabajo) y Sonny Greer a la batería. El escenario del Cotton Club acogió a la orquesta durante los cuatro años siguientes, algunos cambios en la formación aportarían instrumentistas que terminarían siendo esenciales en la trayectoria de la banda. La llegada de Johnny Hodges supondría el encuentro con un músico que, excepto por un breve período, permanecería fiel a Duke durante el resto de su vida. Otro cambio importante llegaría cuando Bubber Miley, que se marcharía en 1929, fuese substituido en la trompeta por Cootie Williams. Convertido en un buen compositor y director de orquesta, Ellington comenzaba a ser eficaz en sus intentos de obtener lo mejor de cada uno de los miembros de su formación y el público quedaba fascinado, noche tras noche, por aquella música sorprendente y a veces imprevisible. Su figura brillaba con fuerza en el ambiente del jazz neoyorquino y comenzaba a disfrutar de un enorme reconocimiento. En medio de esta confortable situación como artista aparecerían en su vida dos personajes que iban a ser decisivos para su futuro. Su relación con el director de orquesta Will Vodery contribuiría a perfeccionar el conocimiento de Duke respecto a la organización y a las funciones de los diferentes instrumentos en el seno de una orquesta. Su encuentro con el compositor Will Marion Cook lo ayudaría a ampliar horizontes sobre las posibilidades estructurales a la hora de grabar o interpretar en directo una composición.

Lo africano está de moda

Las noches se alargaban en el Cotton Club y la orquesta se veía forzada a trabajar duro. Entre los logros más significativos de esos tiempos destacaría sin duda la utilización de la música para crear atmósferas y paisajes sonoros acordes con la escenografía imperante en el momento. Lo africano estaba de moda y el jungle enloquecía al público como estilo en boga. Las coreografías, escenificadas por hermosas chicas de color cuidadosamente seleccionadas, eran una mezcla entre lo sensual y lo exótico. Bailarinas con el cuerpo apenas cubierto por pieles de pantera se contorneaban entre decorados hollywoodienses al ritmo sinuoso y sincopado de la orquesta de Duke. La música debía plasmar esa carga sexual, pero también elementos como el suspense y el misterio. Todo en conjunto debía dejar boquiabierto a un público entusiasta que luego trasmitiría a sus amigos el frenesí de las noches del Cotton Club. Ellington tuvo que dedicarse a fondo para triunfar en el dominio de todos estos recursos. Esto contribuyó claramente a su propia evolución como creador y músico, y es importante señalar que cada una de aquellas estructuras musicales cambiantes y partituras de incuestionable complejidad no surgían de un conservatorio, ni de investigaciones musicales de metodología académica o socialmente aceptables. Todo ocurría en un cabaret dirigido por criminales, un lugar rebosante de erotismo donde esa gran música sonaba para ser bailada por chicas casi desnudas.

El paso de la orquesta de Duke Ellington por el Cotton Club de Harlemn fue una etapa de intensa creatividad, días en los que la inspiración, el talento y las horas de trabajo debieron encontrar la química necesaria para combinarse de la forma más adecuada y dar los mejores resulta-

Duke Ellington y su orquesta en 1943.

dos. Pero el hecho de que las imposiciones del espectáculo obligasen a repetir el mismo repertorio noche tras noche, terminaría cansando a un artista poseído por la fiebre de la creación. En 1932 los síntomas de fatiga eran más que evidentes. Duke sabía que ahora su fama traspasaba sobradamente los muros del Cotton Club y confiaba en que eso le ayudase a enfocar su carrera profesional de una forma menos restringida. Cuando un año más tarde llegó la oportunidad de realizar una gira por el Reino Unido, el pianista estaba más que preparado para mostrar su talento más allá de las fronteras de su país. La acogida en Europa fue magnífica, y tanto Duke como los músicos de su banda fueron recibidos como auténticas estrellas de la música. El público londinense lo premió con tanta admiración y entusiasmo como lo haría la crítica británica. Eran días en que nuevos retos creativos lo mantenían ocupado. Ahora trabaja en piezas extensas que el concebía para ser interpretadas en grandes salas de conciertos. «Reminiscing In Tempo» es una composición de extenso minutaje, ambiciosa y clara a la hora de mostrar algunas de las ideas que Ellington iría desarrollando en posteriores obras de este tipo. No fue una pieza muy bien acogida, pero eso no afectó de manera grave a la carrera de su compositor. En este momento su ascenso parecía ya imparable. Sus armas principales eran un sonido propio y una concepción del funcionamiento estructural de la orquesta que tenía ilimitadas posibilidades creativas. Con el swing convertido en el estilo de moda todo parecía ir de maravilla, incluso teniendo en cuenta la competencia con otras orquestas en la cima del éxito, como las de Count Basie y Benny Goodman. Algunos instrumentistas excelentes se habían incorporado a su banda. El clarinetista Barney Bigard, los saxofonistas Harry Carney y Johnny Hodges y el trompetista Rex Stewart. Aquella poderosa locomotora del swing corría con una energía sin par. Duke decidió incorporar a Ivie Anderson como cantante femenina para reforzar todavía más la diversidad tímbrica de su orquesta. Uno de sus mayores logros como director sería estimular a sus solistas para que se expresasen a voluntad, algo que terminaría siendo uno de los sellos de identidad de la orquesta. Confiado en las posibilidades de cada uno de ellos, escribía piezas para su lucimiento personal, partituras concebidas para que sus mejores hombres pudiesen realizar solos que hablaban de la personalidad musical de cada solista. «Clarinet Lament» sería pensada para Barney Bigard y «Echoes Of Harlem» para Cootie Williams. Por otra parte, la co-escritura con Juan Tizol del tema «Caravan», mostraría las posibilidades de la banda en los ritmos caribeños.

Billy Strayhorn se cruzó por primera vez en el camino de Duke Ellington a finales de los años treinta. Pianista de gran talento y uno de los arreglistas por excelencia del jazz, la relación de este músico con Ellington aportaría algunas de las partituras más interesantes del jazz de aquellos años. Había nacido en Dayton, Ohio en 1915, pero su familia pronto se trasladaría a Pittsburgh, ciudad en la que tendría lugar su primer encuentro con el director de orquesta. Se conocieron en diciembre de 1938, cuando lo orquesta se trasladó a esa ciudad para ofrecer una actuación. Tras la sesión, Strayhorn consiguió llegar hasta Duke y mostrarle los arreglos que había escrito para una de sus composiciones.

El resultado no pudo ser mejor, había impresionado al gran maestro y ahora este quería reunirse nuevamente con él una vez estuviese de vuelta a Nueva York. Strayhorn pasaría el resto de su vida como uno de los más estrechos colaboradores de Ellington. De su escritura surgiría «Take The A Train», un número fuerte que la orquesta utilizaría frecuentemente como pieza de apertura de sus conciertos, inspirado en la línea de metro que solían utilizar los músicos de jazz para viajar desde Harlem a los clubes de las zonas más al sur de Manhattan. El arreglista asumiría diversas funciones en su relación laboral con la orquesta, y además de escribir arreglos también aportaría composiciones completas y, en ciertas ocasiones, llegaría a ocuparse del piano. Fue el autor de temas de referencia en la historia del jazz como «Lush Life» o «Chelsea Bridge», y el propio Ellington le dedicó sus mejores palabras: «Billy Strayhorn fue mi brazo derecho e izquierdo, los ojos en la parte trasera de mi cabeza, las ondas de su pensamiento en mi cabeza y las mías en la suya». El cáncer segó su vida de forma prematura dejando al jazz sin una de sus figuras imprescindibles.

Años de swing

La gran era del swing estaba en pleno apogeo. Las grandes orquestas de la época triunfaban por todo el país llenando salones de baile y sofisticados clubes nocturnos. Ese éxito llevaría a algunos de los directores más famosos a aparecer en el cine y en la publicidad. Swing, cuya traducción al español podría ser «balanceo», era la palabra con la que se definía toda esa música de baile. Su aparición en el mundo del jazz debe situarse durante la primera década del siglo XX, cuando el pianista Jelly Roll Morton puso por título a una de sus composiciones «Georgia Swing». Principio esencial del jazz: su función más importante sería que la relación de los instrumentistas con el tempo diese esa sensación de balanceo, a veces algo vertiginosa. No se trataba de algo que pudiese ser anotado en una partitura, pero estaba, y sigue estando, profundamente vinculado al sentido de musicalidad de los músicos de jazz. Fue importantísimo para el desarrollo de aquellos años en que el jazz era una música bailable. El marcado carácter melódico de la mayoría de las orquestas terminó por popularizar un estilo en el que además de Ellington, reinaron otros directores como Benny Goodman, Fletcher Henderson o Count Basie. Desde su lugar de honor en la cúspide de esta escena, la orquesta de Ellington iba a sufrir nuevos cambios. El saxofonista Ben Webster se uniría a ella en 1940, pocos meses más tarde que lo hiciera el contrabajista Jimmy Blanton. La lista de nuevos miembros se completaría con la llegada de los trompetistas Cat Anderson y Taft Jordan. En el apartado vocal, Betty Roché, Joya Sherill, Herb Jeffries y Al Hibbler se irían alternando con permanencias más o menos

Duke Ellington y Billy Strayhorn.

largas en la banda. En esa época Ellington muestra claros síntomas de estar preocupado por avanzar con su música. Intensas sesiones de trabajo con Strayhorn son dedicadas al estudio de grandes compositores de la música clásica como Tchaikovsky, Ravel, Stravinski o Debussy, la consecuencia de estas aproximaciones a un territorio diferente del jazz terminaría afectando a la orquesta. La música swing adquiriría nuevas dimensiones, se mostraría mucho más flexible y abierta, segura en su rumbo bajo la atenta mirada de un director siempre dispuesto a descubrir nuevos senderos que le permitiesen evolucionar. Títulos antológicos como: «In A Mellow Tone» o la suite «Black, Brown And Beige» vieron la luz en ese período, pero el país estaba sumido en la Segunda Guerra Mundial y esa situación afectaba lógicamente a la música.

Una música de tradición popular negra

Ahora el acceso a los estudios de grabación era muy complicado, a veces totalmente imposible, y una porción mayoritaria de la obra producida por la orquesta de Ellington a principios de los años cuarenta tuvo que ser grabada en directo ya que no existía otro modo de hacerlo. Fue durante esos días de contienda internacional cuando Duke vio crecer en su interior una idea que, aunque no era totalmente nueva, tomaba en ese momento más fuerza que nunca. Era algo esencialmente artístico pero que no dejaba de lado cierto compromiso con el colectivo afroamericano, un intento ambicioso de aunar estéticas en beneficio de un arte de marcada identidad. Todo surgía de los deseos de Ellington de desarrollar una música que alcanzase un nivel de creación por encima de las posibilidades del jazz. Su propósito era alcanzar la música total, un sonido que acogiese en su seno: jazz, blues, música clásica europea, composiciones religiosas y canciones de los espectáculos de variedades. La suma de todo ello debería dar como resultado lo que él definía como una música de tradición popular negra, un gran arte creado por los negros de los Estados Unidos de América. Ese proyecto no sería el único

intento por parte de Ellington de alejarse del jazz. A lo largo de su carrera tuvo diversas iniciativas en ese sentido, pero el resultado obtenido
en cada una de ellas le hizo comprender que solo podía integrar las
distintas estéticas de forma consecutiva, nunca en un solo sonido intentando que coexistiesen en una misma fracción temporal.

Con el cambio de década se produciría una gira triunfal de la orquesta por Europa. Con Billy Strayhorn gozando del estatus de miembro
totalmente integrado en el puesto de arreglista oficial de Ellington, y
una orquesta que acogía a algunos de los mejores solistas de la época, los éxitos se sucedían y todo parecía marchar por el buen camino.
Ellington volvería a visitar el viejo continente hacia el final de la guerra para hacer una gira ante las tropas aliadas. Estaba claro que el pianista que cosechó sus primeros éxitos en los cabarés de Harlem había
terminado convirtiéndose en el embajador de la cultura negra de los
Estados Unidos. La gran calidad de su música y elegante sofisticación
de su imagen le iban como anillo al dedo a un gobierno que pretendía
mostrarse ante el mundo como progresista y demócrata, al frente de un
país libre cuya sociedad sentía ya como lejanos los tiempos del racismo y la segregación. Esta claro que durante los años cuarenta las cosas
no habían cambiado tanto, pero a su manera Ellington estaba abriendo
para su comunidad algunas puertas que poco tiempo antes hubiesen parecido infranqueables. De vuelta a casa, sus energías se concentraron
básicamente en la composición de piezas instrumentales. Obras como
«The Controversial Suite», «Perfume Suite» o «Liberian Suite» son
el reflejo de la inquietud del músico, cuya intención ya no era solamente alcanzar esa música popular negra americana, sino crear una forma
de música contemporánea diferente, paralela a la predominante en los
círculos culturales más ortodoxos. Las giras europeas no tardarían en
reaparecer en su vida, sucediéndose con frecuencia y mermando quizás
su tiempo para concentrarse en el desarrollo de esas ideas. Ahora, la experiencia de trabajar con pequeños formatos le seduciría por un tiempo
y no desperdiciaría ninguna ocasión de ponerla en práctica como una
oportunidad para experimentar en un territorio diferente al que estaba habituado. Alternaría conciertos con la totalidad de la orquesta con

colaboraciones con otros músicos, como la gira con el genial guitarrista gitano Django Reindhart. Eran los años en los que la gran era del swing comenzaba a entrar en decadencia y las orquestas eran demasiado caras de mantener.

Los años cincuenta vivieron la crisis de las grandes formaciones orquestales. La caída del swing como estilo de moda provocó la escasez de contratos y orquestas referenciales como la de Count Basie, que terminó por disolverse. Duke no iba a rendirse tan fácilmente. Después de contratar a solistas talentosos como el trompetista Clark Terry o el saxofonista Paul Gonsalves, reflexionaba sobre el futuro de su carrera y se preguntaba cómo el nuevo jazz podía llegar a afectarlo. El bebop era ahora la corriente principal, y aunque el estilo no reinaría durante el resto de la década, el virtuosismo de boppers como Charlie Parker, Dizzy Gillespie o Bud Powell parecía acaparar la atención de los aficionados al jazz. A Ellington le preocupaba perder el éxito al que estaba acostumbrado, pero curiosamente pudo mantenerse en un lugar de honor durante el resto de su carrera, y para conseguirlo no hizo nada más que continuar evolucionando como músico sin abandonar su propio camino.

Música de película

A mediados de esa década daría un gran concierto en el Festival de Newport y su orquesta acogería con alegría la vuelta del saxofonista Johnny Hodges, que regresaba de probar suerte por su cuenta. Entre 1951 y 1955, Hodges intentó comenzar una carrera en solitario liderando formaciones con su propio nombre. Su ausencia duró poco y su regreso a la orquesta de Duke hace pensar que las cosas no debieron salir como él quería. No obstante, el material grabado durante esa escapada es impresionante, una muestra excelente del talento de uno de los saxofonistas imprescindibles del swing. Ellington, para no perder la costumbre, escribiría durante esa década una serie de obras de gran importancia. En Nueva York grabaría una versión revisada de «Black,

Pese a la evolución del jazz,
Duke se las apañó para
mantener intacto su merecido
puesto en la cima.

Brown And Beige», contando en esta ocasión con la voz de Mahalia
Jackson. En «Such Sweet Thunder» el músico ofrecería en forma de
suite una visión personal de la obra de Shakespeare y en «Portrait Of
Ella», una obra rebosante de vitalidad y elegancia era realzada por la
voz de Ella Fitzgerald. A finales de los años cincuenta el director de
cine Otto Preminger le encargaría la banda sonora de la película *Ana-
tomía de un asesinato*. También grabaría un magnífico disco a dúo con
Johnny Hodges, hermoso testimonio de una vieja y hermosa relación
de trabajo y amistad.

El jazz moderno no consiguió arrebatar el trono a Duke Ellington.
Pese a las adversidades que podían provocar los rápidos y a veces vio-

lentos cambios en la evolución del jazz, Duke se las apañó para mantener intacto su merecido puesto en la cima. Durante los años sesenta su carácter abierto y predisposición a relacionarse con los músicos más jóvenes lo llevó a grabar el disco *Money Jungle*, con el contrabajista Charles Mingus y el baterista Max Roach, dos músicos claramente ubicables en los movimientos renovadores que sucedieron al swing. En esa misma década un cambió muy profundo le iba a afectar como ser humano: su tendencia al hedonismo y lo mundano se iría difuminando para dejar paso a una espiritualidad cada vez más latente que lo impulsaba a acercarse a la fe religiosa. Este Ellington renovado no tardaría en iniciar la composición de sus obras religiosas y conciertos sacros, creaciones que ofrecía al público utilizando como escenarios templos de todo el mundo.

El intenso trabajo en la suite de música sacra «In The Begining God» le ocuparía gran parte del tiempo durante los últimos años de su vida. Los premios y homenajes se sucederían. El día de su setenta cumpleaños fue recibido en la Casa Blanca con todos los honores, las más altas esferas de la sociedad parecían ahora ofrecerle un reconocimiento que no siempre le habían brindado. Instalado en ese ambiente de homenajes y tributos, Ellington era ahora un anciano preocupado por mantener intactas las fuerzas que necesitaba para seguir trabajando como creador. Murió el 24 de mayo de 1974 tras ser hospitalizado a causa de un neumonía. Su orquesta vivió una breve ilusión de continuidad dirigida por su hijo Mercer, pero finalmente terminó disolviéndose. Duke era irremplazable, como algunos de sus viejos compañeros que también se marcharon poco después de su muerte; Harry Carney, su saxofonista, confidente y chofer lo haría el 8 de octubre, y Paul Gonsalves había muerto el 14 de mayo, diez días antes de que Duke se marchase.

Duke Ellington, el maestro del swing que ha hecho bailar a tantas generaciones, falleció en 1974 a causa de una neumonía.

5. billie holiday

billie holiday

Billie Holiday fue la gran dama del jazz, cuando una canción era canta-
da por ella, adquiría nuevos matices y elevaba notablemente su capacidad de expresar vivencias, sentimientos o emociones. Su carrera corrió
casi siempre paralela a una existencia teñida con los matices de la tragedia, pero su canto, sensual y elegante, siempre fue el de una vocalista de
gran altura, capaz de dominar con seguridad la disciplina del jazz vocal
pero distante a las cantantes que basaban su talento en el dominio de
diferentes registros. Billie, dotada de una técnica que iba por delante de
las que dejan boquiabiertos a quienes solo valoran la pericia en el arte,
elevó el canto de jazz a un estado donde la voz incorporaba elementos
propios de la dramaturgia, priorizando al máximo los recursos destinados a potenciar la expresión. Su profundo y bien utilizado dominio
del registro medio le fue útil para dotar a sus interpretaciones de un
intenso grado de emoción, a la vez que ofrecía la apreciada cualidad de
lo cotidiano. Cada línea de la letra de un standard que Billie cantaba
podía proyectar sobre el público que la escuchaba significados evidentes, solo alcanzables por el dominio de la entonación unida a la actitud
durante la ejecución del tema. Fue la cantante de la expresividad, genial
en su logros cuando se trataba de cantar como si estuviese contando
una historia a un amigo íntimo. Como gran representante del jazz vocal
femenino, su figura fue posiblemente irrepetible.

Nació el 17 de abril de 1915 en Baltimore, una vieja ciudad frente
al océano que por entonces disfrutaba de una fuerte actividad musical.
Las animadas bandas de música callejera y los numerosos salones de
baile distribuidos por sus barrios debieron influir en el deseo que sintió

desde niña de convertirse, primero en bailarina y luego en cantante. Su padre, guitarrista que había tocado ocasionalmente con algunos de los grandes músicos de jazz del momento como Benny Carter, Fletcher Henderson o Don Redman, jamás se mostró muy dispuesto a ocuparse de sus obligaciones familiares y sus constantes ausencias del hogar terminarían dejando una huella en la muchacha. Billie, en cambio, siempre tuvo un sentimiento de adoración profunda hacia su madre. Ambos, padre y madre, contaban respectivamente con quince y trece años cuando la niña vino al mundo. El abandono definitivo del padre cuando ella era todavía muy pequeña precipitó a la madre a una situación difícil. Tuvo que ausentarse largas horas del hogar para poder trabajar y salir adelante. Este hecho motivo que Billie fuese a menudo dejada al cuidado de parientes y conocidos de dudosa reputación.

Un principio dramático

Una de las primeras vivencias trágicas a las que Billie tuvo que enfrentarse con frecuencia durante su vida se produjo en esta época cuando, siendo todavía una preadolescente, fue violada por un adulto. Lo terrible del acontecimiento fue que ella finalmente recibió el castigo por el brutal acto, sufriendo el amargo episodio de ser internada en una institución católica. Este hecho marcaría el inicio de una serie de tristes sucesos que irían apareciendo a lo largo de la existencia de la cantante. Sus relaciones con la justicia siempre fueron ambiguas y ella acostumbraba a tomárselas con cierta ironía que a veces era solo una forma de enmascarar la desesperación. Sus asuntos sentimentales pocas veces fueron afortunados y su entrada, más adelante, en el mundo de las drogas, acabaría enturbiando totalmente una existencia ya de por sí complicada. En 1927 su vida daría un primer giro. Después de conseguir escapar del reformatorio ella y su madre se trasladaron a Nueva York, fijando su residencia en Brooklyn, hogar de incontables músicos de jazz en una ciudad que sin duda hacía entrever posibilidades de una mejor vida. Se trataba obviamente de un intento de avanzar en una dirección que les permitiese acceder a la estabilidad, pero las cosas no iban a ser fáciles y habría que esperar un poco para que la decisión de haber creado un nuevo hogar en este destino terminase aportándoles un poco de suerte. Los primeros tiempos en la ciudad fueron bastante complicados, los ingresos eran muy escasos y el fantasma de la miseria se cernía como una sombra nefasta sobre las dos mujeres. A menudo, a pocas millas de su casa la música latía con fuerza. Los centros neurálgicos del jazz de Manhattan quedaban solo a unas pocas estaciones de metro y la joven señorita Holiday no iba a tardar demasiado en descubrirlos. Durante esos primeros tiempos en Brooklyn Billie ayudó con frecuencia a su madre en la realización de trabajos de limpieza doméstica y, en un posible intento de escapar de la asfixiante situación de pobreza en la que estaban atrapadas, llegó a ejercer la prostitución durante un breve período. Aspectos como este, así como la violación por la que, a pesar de ser víctima, fue castigada, se convertirían en una profunda herida emocional que afectaría para siempre al arte y la vida de Billie Holiday. Eran años complicados, el jazz triunfaba como música de moda que atraía al público blanco a los locales nocturnos de Harlem, pero la raza de sus creadores e intérpretes seguía sufriendo el trato desigual y la discriminación racial. Importantes y talentosas orquestas afroamericanas llenaban de magnífica música las noches neoyorquinas, pero el público negro tenía el acceso prohibido a la mayoría de los locales donde tocaban gente de su mismo color. Así era el ambiente a principios de los años treinta, la época en la que Billie vio por fin las primeras oportunidades de convertirse en artista. Su viejo sueño de convertirse en cantante comenzaba a tomar forma y estaba dispuesta a sobrepasar cualquier horizonte que la hiciese avanzar en esa dirección. Los clubes de Harlem verían su debut sobre el escenario, aunque los locales que acogieron sus primeras actuaciones no eran precisamente los más glamourosos de la ciudad. Su paso por el Nest Club y, algo más tarde, por el cabaret Pod's and Jerry's Log de la calle 136 marcaría el inicio de su carrera profesional. Se trataba de locales de categoría bastante baja, destinados a un tipo de diversión nocturna pensada para un público poco dispuesto

a admirar el arte de una cantante de jazz. Sus propietarios contrataban grupos musicales pero la música interpretada quedaba difuminada por el griterío de noctámbulos de todas las tipologías posibles. Durante este período inicial, Billie solía extraer su repertorio de las composiciones de Louis Armstrong que, por aquellos días, ya se había convertido en la gran atracción del jazz. Su figura concentraba la atención de la comunidad musical a la vez que la admiración de un público que incluía también a la sociedad blanca. Eran sesiones de poca monta durante las que la cantante tuvo que pasar por las humillaciones que por entonces sufrían las muchachas de color. Su talento como cantante no la libraría de permitir a los clientes colocar billetes entre sus muslos, como si en lugar de una cantante se tratase de una *strip-girl*. Estaba claro que aquellos hombres no eran la audiencia adecuada para valorar el arte de la joven aspirante, algo imposible de encontrar en locales donde la música solo era un complemento más a los numerosos negocios de la noche en la gran ciudad. Pero estas horas de pesado trabajo hasta bien entrada la madrugada, en un ambiente de marginalidad y escasa sensibilidad musical, no eran más que el prólogo a los nuevos capítulos que estaban a punto de escribirse en la vida de Billie Holiday.

La gran oportunidad se cruzó en su camino sin buscarla. Fue en 1933, cuando gracias a la ayuda de una amiga Billie consiguió que la contratasen para cantar en en el Monette's Supper Club, un local que, comparado con los anteriores, a Bille le debió parecer todo un templo de la música. Era consciente de que el rango superior de ese club suponía una ocasión que debía intentar aprovechar al máximo, y se preparó a fondo para la noche de la apertura. La fortuna también cruzó esa noche la puerta del Monette's, entre los asistentes se encontraba John Hammond, productor y cazatalentos de incuestionable solvencia que llegaría a ser una de las figuras más importantes de la música popular del siglo XX. Habiendo pasado por el oficio de escritor y crítico musical, terminaría convirtiéndose en un productor capaz de conducir por buen camino

El 27 de noviembre de 1933, Billie Holiday hizo su debut discográfico con la banda de Benny Goodman. En la foto, la cantante en un club de Nueva York.

la carrera de los artistas con los que trabajaba. Era un convencido activista en contra de la segregación racial que adoraba recorrer los garitos de Harlem en busca de nuevos talentos. Descubridor de músicos como Count Basie y Teddy Wilson, fue también responsable directo de la irrupción en el mundo discográfico de Aretha Franklyn o Leonard Cohen. Casi treinta años después de toparse con Billie Holiday, se fijaría en Bob Dylan y le daría la oportunidad de grabar su primer disco. Hammond, claramente impresionado por las posibilidades de la joven cantante de jazz, no dudó en darle su apoyo. Fascinado por su voz y, como buen conocedor de su oficio, perfectamente capaz de vislumbrar las posibilidades artísticas de su nuevo descubrimiento, no tardaría en ponerse manos a la obra prestándole su apoyo. Aquella cantante no solo le había conquistado con una voz que ubicaba las canciones en una esfera hasta entonces impensable, sino que su singular sentido de la elegancia y su magnética presencia sobre el escenario dejaron también una profunda huella en el productor.

Encuentro con los grandes

No tardó en presentarle a Benny Goodman, que por entonces ya era un prestigioso director de orquestas de *dixieland* y Billie, formando ya parte del grupo del clarinetista, tuvo la oportunidad de grabar su primer tema «Your Mother's Son In Law», que editaría Columbia, compañía a la que Hammond siempre estuvo muy vinculado. La vida de Billie Holiday acababa de dar un giro importantísimo. Las nuevas relaciones profesionales a las que Hammond le facilitó el acceso la llevarían a realizar interesantes proyectos durante ese período, desde la aparición junto a Duke Ellington en el cortometraje *Saddest Tale* hasta el gran triunfo obtenido en el teatro Apollo con la interpretación de «The Man I Love», uno de los temas que terminaría por ser habitual en los repertorios de la cantante. Estos primeros triunfos solo eran un pequeño anticipo de lo que estaba por llegar, un éxito todavía mayor estaba

El arte de Billie Holiday rebosaba personalidad y mostraba una singularidad tan grande que se convirtió en poco tiempo en una artista única.

a la vuelta de la esquina. Su carrera ahora iba a estar en manos de Joe Glasser, agente de grandes estrellas como Louis Armstrong, con quien Billie firmaría un contrato de representación artística.

Hammond admiraba a Billie profundamente. Su experiencia como productor le hacía ver con claridad que, pese a la notable influencia de la gran Bessie Smith, Billie estaba en el camino de dar forma definitiva a su propio estilo como vocalista. Se movía en un territorio nuevo donde técnica y expresividad eran diferentes a los logros obtenidos por su notable antecesora. El arte de Billie Holiday rebosaba personalidad y mostraba una singularidad tan grande que no era difícil pensar en ella como en una artista única. Todo en ella era nuevo e incidía con fuerza y orgullo en el panorama del jazz vocal de aquellos días. Billie poseía el indudable poder de transformar la tradición del jazz cantado y hacerla avanzar hacia lugares prometedores. Apadrinada por el productor, Billie lo tenía ahora menos difícil para conquistar su lugar en la escena del jazz de los años treinta. Sus colaboraciones con el pianista Teddy Wilson, de estilo distinguido y refinado, se habían iniciado también tras el encuentro con Hammond y habrían de prolongarse desde mediados de la década hasta principios de los años cuarenta. De estos encuentros (a veces a nombre del pianista y otras al de la cantante) surgirían también asociaciones con grandes músicos de la magnitud de Roy Eldridge, Cootie Williams, Johnny Hodges o Ben Webster. Junto a todos ellos Billie haría una música extraordinaria. Era como si todas las piezas para llevarla al estrellato estuviesen perfectamente encajadas, listas para mostrarle al mundo que una nueva estrella había llegado, una nueva reina del jazz cuyo nombre comenzaba a circular de boca en boca ganando fama entre el público y los profesionales del sector. Los treinta cortes que se grabaron durante esos años de estrecha colaboración con Wilson son, en conjunto, obras excelentes que han pasado a la historia entre los mejores registros del jazz vocal, un capítulo en la vida de la cantante inmediatamente anterior a la aparición en su vida de otro gran músico con quien mantendría una relación especial y musicalmente fructuosa, el saxofonista tenor Lester Young.

Gran tenor y coloso del jazz de Kansas City, Lester Young fue, y siempre será, uno de los músicos más grandes de la historia del jazz. Maestro, como ningún otro, del fraseo relajado. Considerado por la crítica como el músico que supo dar una dimensión poética a su instrumento, su estilo combinó perfectamente con la forma de cantar de Billie Holiday. Ambos se compenetraron hasta tal punto que se podía llegar a pensar que Lester tocaba como Billie cantaba o viceversa. En ese momento Lester disfrutaba ya de una fama y reputación enormes,

su puesto como saxofonista principal de la orquesta de Count Basie y
sus proezas instrumentales en las noches del Reno Club de Kansas City
le habían situado en un lugar de honor entre los músicos y los aficionados al jazz. A principios de los años treinta había salido triunfante de
una de las jam sessions más famosas de la historia, la que tuvo lugar en
el club Cherry Blossom de Kansas donde, una noche, algunos de los
grandes saxofonistas de la ciudad como, además de él mismo, Herchel
Evans y Ben Webster, retaron a Coleman Hawkins, el gran rey del tenor de aquellos días. Hawkins terminó venciéndoles a todos excepto a
Young, y la noticia de aquella proeza terminó recorriendo todo el país.
Lester era un músico carismático que durante su toda su vida arrastraría
el trauma de un episodio de injusticia racial del que fue víctima durante
el servicio militar. Su encuentro con Billie acabaría por hacer realidad
algunas de las grabaciones más hermosas del jazz.

El mejor tándem artístico

Cuando Billie, en su autobiografía, hiciese referencia a sus años como
cantante de la orquesta de Basie junto a Lester Young diría: «Cuando
él tocaba era como si cantara. Su manera de tocar me enloquecía, le
consideraba el músico más grande del mundo». Ella le llamaba Pre-
sident, seudónimo que luego derivaría en Press, y él la llamaba a ella
Lady Day. Juntos darían forma a uno de los tándems artísticos más des-
lumbrantes de la historia del jazz. Young comenzó a trabajar con Billie
y Teddy Wilson en 1937. De esa asociación quedarían, además de las
piezas grabadas juntos, más de veinte títulos en los que escuchamos a
la cantante acompañada por pianistas diversos como: Count Basie, Joe
Sullivan, Claude Thornill o Eddie Heywood. En estos cortes la profunda química entre la cantante y el saxofonista es evidente, cada tema es
abordado por ambos con actitud relajada y las frases cantadas respiran
la misma atmósfera que las notas surgidas del saxo de Press. Esta interesante relación, que además de profesional también era de profun-

Los años de buena relación entre Billie y Lester Young llevaron a la cantante a trabajar en la orquesta de Count Basie.

da amistad, se mantendría hasta el año 1951, cuando una disputa poco clara motivó que se alejasen el uno del otro. Se dice que entre ellos no hubo más que buena amistad y estima sincera, nada relacionado con lo sentimental o pasional, pero no está claro ni se puede afirmar nada definitivo sobre cuál fue en realidad el tipo de relación que mantuvieron durante años. Pasado el tiempo, ya en 1954, el promotor George Wein les quiso reunir nuevamente para el Festival de Newport. Cuando finalmente ambos accedieron dejaron claro que se trataba solamente de un reencuentro profesional, sin posibilidades de un nuevo despertar de su vieja amistad. Otra reunión importante tuvo lugar durante una sesión para la cadena de televisión CBS. Billie interpretó su blues «Fine And Mellow» rodeada por algunos de los músicos de jazz más importantes de la época: Gerry Mulligam, Coleman Hawkins, Roy Eldridge y Vick

Dickenson, que estaban allí para arropar con sus instrumentos una de las más carismáticas interpretaciones de la cantante. Lester Young, invitado como tenor, tuvo la mayor parte del tiempo mirándola. Esa cinta sigue siendo uno de los documentos más emocionantes del jazz. La voz de la cantante, intercalándose con los solistas, ejemplifica la grandeza del mejor jazz vocal.

Los años de buena relación entre Billie y Lester Young vieron a la cantante trabajar en la orquesta de Count Basie. Las giras era agotadoras, largos viajes y numerosas actuaciones a realizar. Había que desplazarse todo el tiempo, y a veces los itinerarios estaban repletos de ciudades distantes a las que era necesario llegar a tiempo para dar el concierto. Durante los breves períodos entre giras, la cantante acudía a los estudios de grabación para registrar nuevos temas, casi siempre acompañada de pequeñas formaciones en las que parecía sentirse muy cómoda. Estas sesiones serían el núcleo más intenso y posiblemente interesante del trabajo que Billie Holiday y Lester Young llevaron a cabo juntos. Entre los numerosos títulos destacables podríamos citar: «Easy Living», «The Man I Love», «My First Impression», «Trav'lin Alone» o «Mean To Me». Todos ellos muestran el desbordante talento de Lady Day, que ahora era toda un estrella del jazz. Admirada por todos y capaz de mantener pendientes de sus pasos tanto a los músicos, aficionados o a los pesos pesados de la industria musical, su temperamento humano también le sirvió para otorgar a aquella música una dimensión de compromiso y matices que la elevaban por encima de la simple función de gustar o entretener. Billie era consciente de que su visión de las cosas como ser humano absolutamente libre en sus pensamientos, podía también ser expresada a través de los temas que cantaba. «Strange Fruit», el poema de Lewis Allen que ella quiso cantar, le serviría para ilustrar la horrible visión que tuvo estando de gira por los estados sureños con la orquesta de Artie Shaw. Había sido contratada para el puesto de cantante con esta orquesta, y el hecho de que una cantante negra en el seno de una formación de músicos blancos podía tener problemas en el racista Sur era más que evidente. Las actuaciones iban a tener lugar en estados plagados de racistas y segregacionistas y Billie tuvo que sufrir bastantes degradaciones. Tenía la entrada prohibida en los restaurantes y en los servicios de las gasolineras, se vio obligada a alimentarse de los bocadillos que sus compañeros le llevaban al autocar y a tener que hacer sus necesidades entre matorrales o en la cuneta junto al vehículo. Durante uno de esos trayectos pudo ver desde la ventanilla a hombres de raza negra linchados, con los cuerpos balanceándose colgando de las ramas de los árboles. Esta horrible imagen es la gran metáfora del poema de Allen, y ella, al cantar esos versos, consiguió una de sus interpretaciones más dramáticas y magistrales. La pena y la queja se unen a su voz que surge como un lamento desde el fondo del abismo de lo pavorosamente inaceptable. «Strange Fruit» sigue siendo hoy en día una de las piezas más tristes de la historia del jazz, en ella música y poesía caminan cogidas del brazo. Billie no llegaría a ser para los poetas de la Beat Generation un referente tan importante como Charlie Parker o Thelonious Monk, pero su legado artístico, mirado desde su innegable amplitud y dejando de lado el caso concreto de «Strange Fruit», nunca dejo de reflejar con ironía, dolor y delicadeza los nexos que unen experiencia, vida y arte.

La voz como instrumento

Como cantante, Lady Day consiguió seguir un camino que marcaba la diferencia con la tradición vocal anterior que nutría las formas de otros vocalistas contemporáneos. En sus interpretaciones consiguió dotar a los temas de grandes dosis de sensualidad y llevó la capacidad de expresión hasta sus máximas consecuencias. Maestra en la utilización de la espontaneidad como recurso vocal, muchas de sus ejecuciones mostraron, dentro de una misma partitura, su habilidad para reflejar distintos estados de ánimo. Excepcionalmente dotada para comunicar estados agridulces, muchas veces impregnados de la más fina ironía, dominó casi sin límites el arte de utilizar la voz como instrumento, y su mérito se hace más impresionante al pensar que casi siempre se movió en el re-

Billie Holiday declarando ante
un tribunal en la ciudad de Los
Ángeles (California, EE.UU.)
en 1949.

gistro medio. Tomaba el material original y lo hacía suyo rápidamente,
trasformándolo y llenándolo de nuevos sentidos y posibilidades. Cuando durante los últimos años de su vida su canto se vio afectado por el
abuso de los estupefacientes, su voz, aunque tuvo que readaptarse en
cuanto a la técnica, adquirió una expresividad todavía más profunda.

Los primeros coqueteos de Billie Holyday con los narcóticos más
fuertes tuvieron lugar hacia 1941. Se sabe que fumaba marihuana desde
los doce años de edad, pero el inicio de una relación con substancias
más potentes habría de afectar a su vida y su carrera. La cantante, influenciada por algunas amistades que la convencieron de que podían
facilitarle lo que necesitaba para huir de los aspectos más tormentosos
de su realidad, inicio una relación con las drogas que terminaría resul-
tándole fatal. Por esa época acaba de contraer matrimonio con el trompetista Jimmy Monroe, con quien mantuvo una relación poco estable.
Durante sus días junto a Monroe, Billy mantuvo un romance con el
también trompetista Joe Guy. Su condición de bisexual, abiertamente reconocida por ella misma, no la haría cambiar de opinión respec-

to al convencimiento de que el amor de su vida debía ser un hombre. Pero las consecuencias de su poca estabilidad emocional la llevarían a no conseguir tener una relación amorosa felizmente asentada durante toda su vida. En 1952 se casaría nuevamente, esta vez con Jim McKay, un matón a sueldo de la mafia, quien a pesar de su carácter violento, intentó ayudarla a dejar las drogas. Durante la última etapa de su vida Billie Holiday fue una consumidora habitual de narcóticos, y este hábito afectaría considerablemente en su forma de cantar. En realidad su estilo se mantuvo intacto y su canto jamás se vio desprovisto de una enorme capacidad de atracción. Lo que sucedió es que entró en algo que podría ser descrito como un manierismo de sí misma, acentuando algunos de los rasgos presentes en su forma de cantar desde los primeros días de su carrera. Arrastraba las palabras y enfatizaba sus malabarismos vocales con más frecuencia de lo que lo había hecho anteriormente, y esas características iban a permanecer en su voz hasta su muerte.

Arrestada por consumo de heroína tuvo que pasar ocho meses en prisión. Este hecho motivó que su licencia para trabajar en los clubes de Nueva York fuese revocada y durante los últimos doce años de su vida no pudo trabajar en los locales de la ciudad. Las grabaciones Billie protagonizadas por Bille durante la última etapa de su carrera fueron para el sello Verve. Magníficas sesiones en las que la complicidad con la trompeta de Harry Sweets Edison reafirma que la grandeza de la artista, a pesar de los cambios en su ejecución vocal, seguía siendo incuestionable. En esas sesiones se hace evidente que, aunque cansada y con el físico ya deteriorado por el abuso de las drogas, Billie podía ser espléndida en su propia decadencia. Débil, quebradiza y enferma, pero capaz de seguir deslumbrando al mundo con los últimos latidos de su arte, los registros de este período son también una muestra de las posibilidades del arte en el entorno de la decadencia. Edison estuvo impresionante en su papel de partenaire musical, distinto a lo que años antes Lester Young había supuesto para la cantante, pero brillante y eficaz en el equilibrio con las partes cantadas por ella. Rota por la vida, Billie Holiday parecía todavía entera en su poder de seducción a través del canto. Intensos dolores de hígado y problemas en el corazón obli-

Maltratada por la vida, Billie Holiday desarrolló su poder de seducción a través del canto.

garon a su hospitalización en mayo de 1959. Dos meses más tarde era nuevamente condenada, esta vez un arresto domiciliario, por posesión de narcóticos. Murió el 17 de julio de 1959 en el Metropolitan Hospital de Nueva York donde había permanecido ingresada sufriendo durante sus últimas horas vigilancia policial. Tenía 44 años.

6. ella fitzgerald

ella fitzgerald

Ella Fizgerald completaría el triunvirato de cantantes femeninas en el que también encontramos a Billie Holiday y Sarah Vaughan. Su voz, a diferencia de las de otras cantantes que contribuyeron a engrandecer el jazz vocal, dominaba con facilidad varios registros y se amoldaba sin dificultad a las necesidades expresivas de cada tema. Si a esto le añadimos su técnica impecable y los dotes que pudo mostrar como improvisadora, no es difícil afirmar que fue una de las más extraordinarias voces que el jazz haya podido ofrecernos a lo largo de su historia.

Inicios como cantante

Nacida en Newport News, Virginia, EE. UU, creció en Yonkers, Nueva York, en una situación de pobreza permanente. Su padre, William Fitzgerald, conductor de tren, abandonó a su madre Temperance (Tempie) Fitzgerald, lavandera, cuando Ella era aún muy pequeña. Las dos se trasladaron a Yonkers (Nueva York), junto con el novio de Tempie, Joseph Da Silva, con el que tendría una hija en 1923, Frances Fitzgerald.

En 1932, la madre de Ella murió tras un grave accidente de tráfico. Tras estar con Da Silva durante un breve período, su tía Virginia se hizo cargo de ella. Poco tiempo después, Da Silva fallecería de un ataque cardíaco, por lo que Frances tuvo que irse también a vivir con Ella y su tía. Ya desde pequeña comenzaría a mostrar interés por la danza y el canto, y se fue forjando un gusto musical en cuyo núcleo estaban los

El trío conocido como The Boswell Sisters, liderado por Connie Boswell, sirvió de inspiración para la joven Ella Fitzgerald.

grandes astros del jazz de la época con Louis Armstrong como principal referente. Connie Boswell, líder del trío conocido como The Boswell Sisters, se convertiría en el primer modelo tomado por la joven, y Ella, muchos años después y ya en el estrellato, no dudaría en reconocer que había sido fuertemente influenciada por aquella cantante de swing.

Fueron años de pobreza y penurias, como en tantas otras vidas de los grandes músicos de jazz. La infancia de Ella Fitzgerald fue muy difícil y con el paso del tiempo y la llegada del éxito le haría comprender en profundidad los contrastes que pueden llegar a producirse a lo largo de la existencia de una persona. Este ambiente dramático condicionó el comportamiento de Ella, que tuvo frecuentes problemas con el absentismo escolar e incluso con la policía, lo que la llevó a ser internada en un reformatorio, el State Training School for Girls, de donde trató de escapar varias veces, así como de su casa.

Se hallaba atrapada en una situación angustiosa, una realidad en la que, además de no poder contar con el apoyo emocional de la familia, se veía obligada a utilizar cualquier método que le permitiese subsistir ya que estaba asfixiada por la miseria. Pero la fortuna no tardaría en alcanzarla. Esa ocasión no llegaría de repente, se produciría como consecuencia de los pequeños pasos que estaba a punto de comenzar a dar. El primero de ellos la vería actuar en el Amateur Night Show, en 1934, un evento semanal organizado por el teatro Apollo de Harlem. Se trataba de un concurso de principiantes al que se presentó no como cantante sino como bailarina, pero su voz terminó siendo la razón de que saliese victoriosa de aquella experiencia. La casualidad quiso que justo antes de que Ella subiese al escenario, un grupo de bailarinas ofrecieron una actuación muy exitosa y fueron efusivamente aplaudidas por el público. Aquello la puso muy nerviosa, temió no estar a la altura del número que acaba de finalizar y finalmente optó por actuar como cantante .«Judy», un tema que ella conocía a la perfección por a haberla escuchado infinidad de veces en la versión de Connie Boswell, fue el tema que terminó escogiendo de forma apresurada, y para completar su tiempo sobre el escenario volvió a optar por un título del repertorio de su cantante favorita, «The Object Of My Affection».

Gran interpretación

Debió de hacerlo muy bien ya que el entusiasmo que consiguió provocar tanto en el jurado como en el público asistente pronto obtuvo su merecida recompensa. Ella Fitzgerald acababa de conseguir los diez dólares que el concurso de amateurs del teatro Apollo ofrecía como premio a sus ganadores. Pero aquella escasa cantidad de dinero no sería el aspecto más importante de la velada, y nuevamente la fortuna quiso que aquella noche dos músicos tan importantes como Benny Carter y Mario Bauza se encontrasen entre el público del teatro. Carter no tardaría en hablar con el famoso productor John Hammond sobre aquella cantante que le había impresionado en la noche de los aspirantes, e insistiría para conseguir que Hammond accediese a recibirla para una audición. Pero en aquellos días el productor y

Ella Fitzgerald y Billie Holiday se conocieron en los años treinta, y ambas se admiraban mutuamente, a pesar de que Billie fue quien obtuvo mayor éxito en las esferas del jazz.

cazatalentos estaba demasiado ocupado en Billie Holiday, su nuevo y flamante descubrimiento, y no mostró demasiado interés en ocupar parte de su tiempo escuchando a aquella muchacha con aspecto de vagabunda. Benny Goodman y Fletcher Henderson serían los siguientes destinatarios del entusiasmo de Carter. Pretendía que ambos directores contasen con la voz de Ella para sus orquestas, pero este segundo intento también terminó en fracaso. Finalmente, después de lograr convencer a Tiny Bradshaw, el saxofonista consiguió no solo un puesto para Ella en la orquesta de este, sino un segundo trabajo en la de Chick Webb. El paso de la cantante por la banda de Bradshaw fue muy breve. En febrero de 1935 ya era miembro titular de la formación de Webb, un famoso director de orquesta que en aquellos días sorprendía también por sus dotes con las baquetas. Exceptuando el breve período que trabajó para Benny Goodman en 1936, la cantante permaneció junto a Webb hasta casi el final de la década. Con solo 17 años y casi como una recién llegada a la escena del jazz, Ella Fitzgerald comenzaba a captar la atención de los amantes de la música y ponía voz a las maratonianas sesiones de baile que el grupo de Webb amenizaba en el Savoy Ballroom de Harlem, un lugar, hoy legendario, destinado al entretenimiento de la población negra, un salón de baile de características muy diferentes al refinado y glamouroso Cotton Club dirigido por el gangster Owen Maden.

El reconocimiento de la prensa escrita no tardó en llegar y lo hizo a través de dos publicaciones de gran difusión. En 1937 Ella fue elegida cantante favorita de los lectores de *Melody Maker* y ganó la encuesta de popularidad de la revista *Down Beat*. Los periodistas comenzaron a referirse a ella como First Lady of Song (la primera dama de la canción) y el público empezó a comprender que estaban ante una gran artista. Su encuentro, ese mismo año, con la también vocalista Billie Holiday, estrella indiscutible del momento, marcaría, sin saberlo, su trayectoria en su carrera musical.

El encuentro de dos genios

Ella cantaba en el teatro Apollo y Lady Day lo hacía en el cercano Harlem Opera House. Durante el descanso se acercó a escucharla junto a algunos de los músicos y, fascinada por el arte de Holiday, terminó pidiendo un autógrafo a la gran dama del jazz. Esta anécdota no tendría demasiada relevancia si no es por el hecho que, con el paso del tiempo, surgiría la inevitable comparación entre ambas cantantes. A lo largo de los años la crítica ha incidido una y otra vez en un tema tan polémico como el estatus jazzístico de Fitzgerald. Se ha llegado a afirmar que la vocalista estaba desprovista del grado de profundidad, expresividad y capacidad de transmitir las emociones necesarias para ser considerada una estrella de jazz. Durante mucho tiempo, especialistas y medios de comunicación especializados, la compararon con Billie Holiday, autentica aglutinadora de todas esas características reunidas en un solo genio. Se ha llegado a acusar a Ella Fitzgerald de carecer de los mecanismos necesarios para emocionar al público, así como de estar desprovista de la imaginación que, por ejemplo, fue uno de los elementos que mejor supieron desarrollar otras cantantes como Sarah Vaughan. Actitudes como ver en ella a alguien que necesita ensayar sus improvisaciones e incluso sus trayectos por las escalas, llegaron a cuestionar su condición de artista de jazz para considerarla como una intérprete más cercana a la estética de la canción popular. Pero algunos episodios, musicalmente memorables, protagonizados por la cantante durante su larga trayectoria, ayudaron a establecer el necesario equilibrio en una balanza que hoy se decanta por ennoblecer a Ella Fitzgerald entre los grandes nombres del jazz.

El éxito la acompañó durante sus años junto a Chick Webb. Fueron muchos quienes vieron en su voz un instrumento perfecto y preciso, especialmente apto cuando se trataba de lanzarse a la interpretación de modelos clásicos, un estilo que con el paso del tiempo se iría definiendo y que llegaría a adquirir el grado de singularidad necesario para convertirla en una cantante de indudable identidad propia. Una tuberculosis ósea segaría la vida de Webb en 1939, y a partir de ese momento la cantante vería como su nombre se convertía en el principal reclamo de la orquesta. Ella Fitzgerald and her Famous Orchestra intentaría garantizar la continuidad de un proyecto donde ella asumía el liderazgo. Tres años más tarde, mostrando síntomas del cansancio provocado por la dirección de la orquesta y afectada por el fracaso de su matrimonio con un traficante de drogas, decidió terminar con la formación y encaminar sus pasos hacia nuevos horizontes profesionales. Su contrato discográfico con Decca quedó consolidado y Milt Gabler, un productor de la compañía, comenzó a ocuparse en exclusiva de la representación de la artista. Había conseguido acceder a una situación profesional en la que la miseria vivida durante su infancia y preadolescencia era solo una sombra del pasado. Su camino al estrellato comenzaba a vislum-

Ella Fitzgerald y Dizzy Gillespie, en Nueva York, 1947.

brarse con claridad mientras cosechaba triunfos en la música popular
satisfaciendo las necesidades y exigencias que el público buscaba en la
oferta de entretenimiento de la época. Ella vivía un buen momento y
una nueva oportunidad, muy beneficiosa para su carrera, iba a llegarle
durante la segunda mitad de los años cuarenta, cuando el productor
Norman Granz la llamó para ofrecerle un contrato que la integraría
en su proyecto Jazz At The Philarmonic, una iniciativa ambiciosa que

recorría las principales ciudades del país llevando a grandes estrellas del jazz a emular sobre escenarios de teatros la esencia de las jam sessions de los pequeños clubs. Músicos como Charlie Parker, Oscar Peterson o Lester Young formaban parte del escogido elenco seleccionado por Granz para su show itinerante, y Ella iba a destacar como una de las máximas estrellas de Jazz At The Philarmonic. Este reconocimiento ayudaría a hacer realidad algunos de los maravillosos discos en los que su voz da un sentido personal a repertorios de compositores como Jerome Kern & Johnny Mercer, Rodgers & Hart, Irving Berlin, Harold Arlen o Duke Ellington, acercándose, junto a este último, a un grado de plenitud que la situarían claramente en la estética del jazz.

Por otra parte, los encuentros de Ella en el seno de Jazz At The Philarmonic con jóvenes músicos, sería decisivo para su acercamiento en el mundo del jazz de la época. Durante una gira con el trompetista Dizzy Gillespie tuvo la oportunidad de asistir a las jam sessions que tenían lugar en los clubs hasta altas horas de la noche, después de que los jóvenes músicos hubiesen ofrecido sus conciertos en los teatros. En estas sesiones Ella llegó a familiarizarse con las formas del be bop, el nuevo estilo del que Dizzy era uno de los principales creadores e impulsores. La cantante asimiló los elementos novedosos de aquel jazz y supo incorporarlos en su canto. Ahora sabía utilizar su voz cuando pretendía improvisar como si de un instrumento de viento se tratara. La técnica del scat comenzó a ganar territorio en sus interpretaciones, y muchos de los que habían dudado de su verdadera condición de cantante de jazz comenzaron a cambiar de opinión.

Un matrimonio con mucho ritmo

Un joven contrabajista, cuyas inquietudes creativas y buen gusto terminarían por convertirlo en un de los pilares en la historia del jazz, contraería matrimonio con la cantante en diciembre de 1947. Ese músico se llamaba Ray Brown, y su nombre pasaría a la posteridad con un brillo de intensidad equiparable al de su famosa esposa. Nacido en Pittsburgh en 1926, Brown sabría dar forma a una etapa importantísima en la evolución del contrabajo en el seno del jazz. Su estilo reunió los elementos necesarios para realizar el obligado paso adelante a partir del legado de Jimmy Blanton, cuyas exploraciones con el instrumento habían fructificado en un primer intento de librar al contrabajo de una función meramente funcional para permitir su proyección en un contexto en que se le otorgase más protagonismo. Su técnica formidable lo ayudó a adaptarse sin problema a la exigencias de los beboppers más destacados, protagonizando memorables encuentros con Charlie Parker, Max Roach o Bud Powell en el seno de un grupo liderado por Gillespie.

Ray Brown y Ella Fitzgerald.

Durante su carrera tocó junto a grandes músicos y, además de vivir una larga asociación musical con el pianista Oscar Peterson, fue responsable de una interesantísima discografía como líder.

Ella, a partir de su unión con Brown, utilizaría al trío de su marido como grupo de acompañamiento para sus conciertos. Vivía una etapa en la que los avances del nuevo jazz afectaban positivamente a su forma de cantar y también a su propia evolución como artista, pero la política marcada por los directores artísticos del sello Decca impedía que esos avances se viesen reflejados en las grabaciones de la cantante que aparecían en el mercado. El objetivo principal era publicar discos que fuesen muy populares, álbumes cuyo contenido atrapase a un sector amplio de consumidores poco dados a seguir con interés las profundas transformaciones de la música afroamericana.

Una de las estrategias comerciales ideadas para lograr éxitos tomó forma en una serie de reuniones con grandes artistas de gran fama, desde Louis Armstrong y Louis Jordan a los Mill Brothers o los Delta Rhythm Boys. De alguna manera se intentaba que Ella no mostrase al público sus posibilidades dentro del autentico jazz y esto preocupó a Norman Granz, quien ya había substituido a Gabler como representante de la cantante. Este consiguió que la compañía se plantease un cambio de actitud, y finalmente fue posible escucharla en interpretaciones más decantadas al jazz que a lo pretendidamente comercial. Este fue sin duda otro de los grandes aciertos del productor y representante. Granz era consciente del extraordinario talento de la vocalista y confiaba en que el público sabría valorarla y acogerla en su faceta más auténtica.

La grabación del tema «Flying Home» en el otoño de 1945 sería un éxito sin precedentes en la carrera de la artista. Ella tomó todo aquello que la había enriquecido a partir de su encuentro con el bebop y utilizó la voz como un instrumento de viento consiguiendo un resultado que todavía hoy deja boquiabiertos a quienes lo escuchan por primera vez. Aquel triunfo le abriría las puertas para realizar con libertad grabaciones en una línea mucho más vinculada a lo jazzístico que a lo comercial. «Oh Lady Be Good» y «How High The Moon» serían otras dos muestras excelentes de los logros de aquellos días. Los últimos años de

Durante varios años,
Ella Fitzgerald grabaría los
famosos *songbooks* de los grandes
compositores estadounidenses.

vigencia de su contrato con Decca estuvieron caracterizados por la diversidad de opiniones sobre su arte. Dotada ahora de una nueva dimensión como comunicadora a través del canto y ensalzada por su incursión en el cancionero de Gershwin (*Ella Sings Gershwin*) que supondría,
además de un referente en el jazz más baladista, el prólogo a proyectos
posteriores dedicados a grandes compositores que sería editados como
monográficos individuales, jamás conseguiría que los aficionados al jazz
dejasen de estar divididos en sus opiniones sobre ella. Su contrato con
Decca iba a mantenerse vigente hasta 1955 y eso la forzaba a ofrecer al
público grabaciones controvertidas en las que muchos han visto grandeza y otros un arte que, aunque perfectamente ejecutado, evidencia
la carencia de la emoción que justificaría su paso a la posteridad. No
obstante, su carrera seguía ascendiendo y ya era una artista famosa en la
amplia geografía de los Estados Unidos.

Sus colaboraciones con Jazz At The Philarmonic habían contribuido de forma notable a esa promoción de su figura, así como a la posibilidad de realizar grabaciones con los artistas vinculados a ese proyecto. Verve, el importante sello creado por Granz, sería la responsable de sacar a la luz *The Cole Porter Songbook*, un disco que aparecería en 1956 y alcanzaría sin problemas la lista de los más vendidos. Granz y Fitzgerald elaboraron un proyecto de cancioneros que irían apareciendo sucesivamente alcanzando las cotas de ventas deseadas. Se trataba de que Ella, acompañada por músicos de primera categoría, interpretase los títulos más significativos de la producción de los grandes compositores de la música norteamericana. Así, álbumes dedicados a Rodgers & Hart, Ellington, George & Ira Gershwin o Johnny Mercer, entre otros, invadirían los expositores de las tiendas de discos. Los resultados fueron desiguales, consiguiendo algunas producciones de calidad más que satisfactoria, pero también editando algunos títulos en los que el escaso conocimiento del repertorio por parte de los miembros de las orquestas se hacía evidente. Es posible que el aspecto más positivo, y sin duda digno de agradecimiento, que contiene esta sucesión de cancioneros sea su condición como testimonio y muestra de lo bueno y mejor del cancionero americano, interpretado por una gran voz y bajo la supervisión de un productor de solvencia incuestionable.

Nuevos proyectos discográficos

Los años sesenta verían a la cantante ocupándose de lanzar otros proyectos discográficos al margen de la serie *songbooks*. Destacaría especialmente su disco junto a Count Basie y su orquesa de 1963. *Ella & Basie* se convertiría en un disco aclamado que mostraría el potencial de una reunión repleta de swing contagioso y música de gran altura. Un año antes había grabado *Rhythm Is My Bussiness* recuperando para el puesto de pianista a Bill Doggett, un músico de gran talento que ya había colaborado anteriormente con ella.

Con Norman Granz, productor y promotor de jazz, Ella Fitzgerald alcanzaría las cotas más altas de calidad en su carrera como solista.

La carrera de Ella estaba profundamente ligada a Norman Granz, un hombre que pasaría a la historia por ser uno de los grandes promotores y entusiastas del jazz. Este mostró ser un empresario inteligente y dotado para la intuición musical en numerosas ocasiones, y Ella Fitzgerald fue una de las artistas que pudo beneficiarse de ello. Su habilidad para mostrar las diversas facetas de la cantante incidiendo en toda la gama de potenciales artísticos de los que ella podía disponer fue definitiva y a él debemos, en parte, lo mejor del legado de esta vocalista, cuya figura, a veces cuestionada, terminaría mereciendo figurar entre los grandes de la música afroamericana. Su carrera discográfica a partir del encuentro con el productor estuvo meticulosamente diseñada, pensada y organizada para alcanzar cotas de calidad, a veces asombrosas y otras aceptables, que garantizaban la permanencia inalterable de su nombre en la cima de la música popular americana. Escucharla a través de sus diversas etapas es descubrir como el inconfundible estilo de la cantante fluye cada vez que se pone al frente de una rítmica. No importan los cambios en las formaciones instrumentales ni las posibles diferencias entre el sonido de los grupos que la acompañen. Ella gana siempre, imponiendo con gentileza su forma de hacer y su estilo termina siendo siempre identificable y lo suficientemente sólido como para mostrar su personalidad artística. Su voz anida en el núcleo de la música para emerger a través de un canto digno de una vocalista formidable. Sus discos en directo surgidos a consecuencia de su paso por Jazz At The Philarmonic serían un ejemplo perfecto para ilustrar esa idea de cimentada identidad estilística. En *At The Opera House* o *Ella In Rome*, de 1957 y 1958 respectivamente, su habilidad para dominar el directo se hace casi tangible, y esa cualidad se ve realzada en *Ella In Berlin*, grabado en directo en la capital alemana en el año 1960. El dúo que con el pianista Paul Smith se materializaría en el disco *The Intimate Ella*, editado también en 1960, supuso un registro en el que las atmósferas propiciadas por el tono intimista y relajado nos muestran a una Ella cercana, con un canto casi teñido de un barniz de proximidad y confianza, alejado de las pericias de la cantante de tempos rápidos y contagiosos que el público tanto había llegado a apreciar.

Los últimos años

El inicio del declive de Ella Fitgerald coincidiría con el final de su relación con el sello Verve. En 1966 su salud comenzó a dar muestras de que la cantante no estaba en forma y las noticias sobre su fatiga física, unida a la progresiva pérdida de visión, cayó como una voz de alarma entre el colectivo de los amantes del jazz. Pero la veterana estrella no estaba todavía dispuesta a optar por el retiro. Un contrato con el sello Capitol le devolvió el impulso y su firma se estampó ahora en unos cuantos discos de escaso valor para los aficionados al jazz. En ellos la cantante se ocupaba de interpretar canciones navideñas y títulos de la música country. Los tiempos habían cambiado y puede que elaborase esta desafortunada fórmula en un intento de reinventarse a sí misma como artista. Llegó a grabar versiones de los Beatles, quizás en un intento de encontrar su lugar en un momento en que el rock estaba apartando al jazz del trono de la música popular. Otros artistas del pop como The Carpenters o Del Shannon también vieron versionadas sus canciones en la voz de esta dama del jazz que ahora parecía intentarlo todo. También realizó incursiones en la bossa nova y grabó sus propias interpretaciones de hits de la música comercial del momento. Fue un momento complicado en el que Ella hizo poco o nada por salvaguardar su prestigio en la escena del jazz vocal. Cuando a principios de los setenta Norman Granz creó el sello Pablo, busco grabaciones inéditas de la cantante para sacarlas a la luz, y al mismo tiempo la estimuló para grabar material nuevo que se mantuviese fiel a la esencia jazzística que había ocupado buena parte de su carrera. Pero la voz de Ella estaba perdiendo la calidad y la gloria de antaño. Lo que al principio fue un retiro parcial terminó convirtiéndose en una ausencia definitiva de la escena de la música debida a sus graves problemas de salud. En 1993, totalmente ciega a causa de la diabetes y tras sufrir la amputación de ambas piernas, fallecía en Beverly Hills. La muerte que la había librado del sufrimiento se había llevado también su gran voz, la preciada herramienta de trabajo de una cantante que había protagonizado incursiones en varios estilos y en la que no siempre se quiso ver a una autentica artista de jazz. Pero más allá de los juicios estilísticos o las valoraciones subjetivas, el mundo se había quedado sin una de las más grandes artistas que la música afroamericana haya llegado a ofrecer a la cultura de nuestro tiempo.

7. charlie parker

charlie parker

Casi nadie, al referirse a Charlie Parker, dejaría de afirmar con rotunda seguridad que fue uno de los grandes genios que la música haya dado a lo largo de los siglos. Otros irían más lejos y añadirían matices como que apareció en el momento preciso, cuando la tradición musical afroamericana precisaba de alguien capaz de hacer lo que él hizo: transformar el jazz de su tiempo e impulsarlo a la velocidad de un cometa hacia su propio futuro. La mayoría mostraría un total convencimiento sobre la importancia de su aparición y el enorme peso de su legado. Ensalzado por la historia como una de las individualidades más influyentes de la música, y reconocido como un creador capaz de asimilar de forma total la tradición que le precedía para luego convertirse en el profundo renovador que trazaría las sendas que iba a seguir el jazz de su tiempo y también el posterior a él, Parker dejó muy bien escrita una de las páginas más intensas y determinantes de la evolución de la música durante el siglo XX. Todavía adolescente se dejó fascinar por los solos del saxofonista tenor Lester Young, auténtico héroe del viejo jazz de Kansas City, y sin haber perdido del todo la mirada curiosa de un niño dejó que todo aquello que terminase moldeando su concepción única del saxo alto en el seno de la música de jazz.

Formado en los ambientes musicales de su Kansas City natal, sus primeros encuentros con el jazz tuvieron lugar durante los años en que el alcalde Teddy Pendergast propiciaba la vida nocturna de la ciudad y el jazz que la animaba. En aquel ambiente, donde la noche también albergaba a políticos corruptos y personajes pintorescos de todo tipo, la orquesta de Count Basie reinaba por encima de las demás. Eran los tiempos en que el viejo estilo Dixieland de Nueva Orleans comenzaba a declinar, y poderosas orquestas formadas por numerosos músicos anunciaban el esplendor de la era del swing que ya estaba a la vuelta de la esquina. Parker había nacido el 29 de agosto de 1920. Su padre, un cantante de *vaudeville* de poca monta apenas mantendría relación con su hijo. Su madre, en cambio, se entregaría con esfuerzo a la educación del muchacho y a intentar suplir, en el terreno emocional, las continuas ausencias del padre de Charlie. Fue una infancia difícil que terminaría creando en el chico un sentimiento traumático que lo acompañaría durante el resto de su vida. Todo ello iba a dejar una huella imborrable que marcaría el subconsciente del músico, cuyas relaciones posteriores con su propia familia iban a ser complicadas y marcadas por su infancia.

Infancia en Kansas City

Charlie tenía solo ocho años cuando su familia se mudó a Oliver Street, en pleno barrio negro de la ciudad. Su nuevo hogar se hallaba a pocas manzanas de algunos de los clubes de jazz más concurridos en aquellos años. La vida nocturna en la Kansas City de los años veinte era bulliciosa y animada, incontables locales nocturnos y salones de baile permitían gozar de la vida nocturna sin límites y la diversión estaba asegurada para los noctámbulos. El jazz ponía banda sonora a todo ese ambiente siendo un elemento de tal importancia que la ciudad terminó dando nombre a una de las corrientes de la era del swing. Charlie estudiaba en la Licoln High School y nada en su actitud como alumno alarmaba a sus profesores. Los informes periódicos que recibía la señora Parker indicaban que su hijo era un alumno brillante y aventajado. Por otra parte, la fortuna había querido que Charlie fuese a parar a un centro de educación donde se impartía una formación musical sólida y bien programada. En aquellos años la escuela contaba ya con una larga tradición en la formación de Marching Bands de alumnos, y el momento en que Charlie obtendría su puesto en una de ellas como saxofón-barítono no

Charlie Parker, primero por la izquierda, con Ross Russell, (productor discográfico y amigo del saxofonista, autor de la mejor biografía sobre el gran músico), Earl Coleman y Shifty Henry. Detrás, el percusionista Doc West.

iba a tardar en llegar. Antes de que esto sucediese, el joven aspirante a músico ya le había pedido a su madre que le regalase un instrumento por el que sentía una especial atracción, se trataba de un saxo alto, aunque entonces nadie podía imaginar que aquel objeto metálico terminaría convirtiéndole en uno de los grandes del jazz. Aunque la situación económica familiar era desastrosa la señora Parker se las arregló para invertir sus escasos ahorros en un viejo y algo destartalado saxo de segunda mano. Se trataba de un instrumento fabricado en París en 1898 que, a pesar de no presentar las condiciones óptimas de un saxo nuevo, todavía podía ser tocado. El efecto de esta esperada adquisición no tardaría en hacerse notar en Charlie. Fascinado por el brillo y ligereza de aquel viejo saxo alto sus esfuerzos no cesaron hasta que consiguió ser admitido en una formación de música de baile llamada The Deans Of Swing, actividad que iba a desarrollar paralelamente a su puesto como barítono en la Marching Band escolar. El combo estaba compuesto por alumnos de su misma escuela y la mayoría de sus actuaciones tenían lugar en bailes en la zona de Kansas City. Charlie puso tanta energía en su dedicación al grupo que su brillante *curriculum* escolar pronto paso a ser historia y su expediente académico comenzó a caer en picado.

La vida de Charlie Parker tuvo los elementos necesarios para convertirse en leyenda. Nada de todo eso fue ficción sino hechos reales y experiencias vividas. Pero al igual que otros músicos de jazz como Billie Holiday o Chet Baker, el ingrediente de maldito y la tendencia a la autodestrucción estuvieron tan adheridos a sus biografías que contribuyeron a perfilar sus mitos en una línea similar a otros héroes de la cultura moderna de los siglos XIX y XX. Si, a modo de ejemplo, Arthur Rimbaud fue el paradigma del poeta adolescente apologista de la embriaguez y la bisexualidad, y Jackson Pollock el pintor que encarnó un papel más que controvertido en el *establishment* cultural de la América más conservadora, algunos músicos de jazz también vivieron a ambos lados de lo socialmente aceptable al tiempo que asombraban al mundo con su grandeza como artistas. Parker fue uno de ellos. Su vida inspiró *Bird Lives*, la magnífica biografía escrita por Ross Russell, productor discográfico y amigo del saxofonista. *Bird*, la película dirigida en 1988 por Clint Eastwood sería un cuidadoso reflejo de las dos partes de la realidad del saxofonista: su grandeza como músico y la errática estabilidad en su vida personal.

Al borde del drama

Parker caminó por la vida dejando a su paso episodios que podrían ser capítulos de un drama. Sus días estuvieron repletos de situaciones que no podían más que terminar moldeando el perfil de una tipología del músico de jazz, cuyo centro de gravedad oscilaría entre la tragedia y la imposibilidad de separar la propia singularidad de la grandeza artística. Fue enormemente único en estos aspectos, y puede que uno de los pri-

Charlie Parker, apodado Bird, es considerado uno de los mejores saxofonistas altos de la historia del jazz.

meros episodios que anunciaban la dirección que iba a tomar su vida, resida en aquel chico de catorce años que sabía apañárselas para escuchar en directo a los músicos a los que admiraba en los locales nocturnos de Kansas City. Esa posibilidad le llegó cuando su madre fue contratada para un trabajo como limpiadora en el centro de la ciudad, eso la mantendría ocupada durante toda la noche dejando a Charlie libre de control hasta la mañana. El chico no lo dudó, elaboró un plan y se puso manos a la obra. Le bastó con conseguir un abrigo largo, un sombrero que le calase hasta las cejas y llevar un cigarrillo colgando de los labios. Finalmente, el dominio de un *slang* nada propio de su edad y mantener una actitud de seguridad en sí mismo le facilitarían la entrada a los clubes sin problemas. Su principal objetivo fue el Reno, donde la orquesta de Count Basie se había convertido en la reina del swing de Kansas City. Una vez en el interior del local el adolescente se sumiría en un estado entre la euforia y la fascinación, observando boquiabierto las proezas de los solistas de la fenomenal orquesta. Algunas versiones de esta historia dicen que con el paso del tiempo, cuando Charlie ya había conseguido relacionarse con algunos de los músicos en los que se veía reflejado, una fuerte amistad con Lester Young se fue fraguando, y era el famoso saxo tenor quien lo colaba en el club escondiéndole bajo su largo abrigo. Charlie, hundido en la silla de un palco que quedaba justo sobre el escenario y que había sido cerrado al público por reformas, observaba con atención como los dedos de Lester recorrían las teclas del saxo tenor y, amparado por la oscuridad del lugar, intentaba reproducir esos movimientos con sus propios dedos sobre su viejo alto francés.

Un lugar en la escena del jazz

Aquellas noches supusieron para Parker mucho más que escuchar a Lester Young, otros héroes del jazz del momento como Herchel Evans o Ben Webster también recogían desde el escenario del Reno Club los aplausos de un público atrapado en la vertiginosa fiebre del swing de la orquesta de Basie. No es de extrañar que a partir de esta vivencia The Deans Of Swing comenzasen a perder importancia entre sus prioridades. La música escuchada durante aquellas escapadas nocturnas avivó la llama interior del aspirante a saxofonista, y la impaciencia por encontrar su propio lugar en la escena del jazz llegó hasta él de forma inesperada, aunque algo en su interior le advertía de no dar pasos en ese sentido hasta que no estuviese realmente preparado para ello.

Consciente de que los mejores músicos de jazz de la ciudad jamás le permitirían improvisar con ellos, tuvo que esperar hasta que la primera oportunidad de participar en un *jam session* llego hasta él. El High Hat era un antro de poca monta, oscuro, pequeño y con mala fama. Se trataba de un local que no podía competir con los mejores clubes de la ciudad como el Sunset o el Reno. Durante la prohibición había sido un antro ilegal de bebidas que luego se había convertido en cabaret, y ahora daba cobijo a un orquesta dirigida por un saxo tenor llamado Jimmy Keith. En la orquesta trabajaban algunos músicos con los que Charlie había coincidido en The Deans Of Swing y eso debió darle confianza para atreverse a participar en una de las *jams* organizadas allí. Se puso a la cola junto a los músicos que esperaban turno para intervenir, ajusto la embocadura de su saxofón y aguardó que llegase el momento. Subió al escenario intentando mantenerse seguro en sí mismo, y todo fue más o menos bien hasta que quiso arriesgarse confiando en la suerte en un intento de aportar un elemento innovador. Los músicos tocaban «Body And Soul», Charlie pasó sin problemas por los primeros compases y entonces sucedió el desastre, trató de doblar el tempo y algo no funcionó. Sus dedos no respondieron como él esperaba y la totalidad de la banda se precipitó en un naufragio sobre el escenario. Los músicos dejaron de tocar y un estallido de carcajadas se adueñó del club. Charlie se fue a casa destrozado y algunos testimonios de la época afirman que no volvió a tocar en meses, otras versiones dicen que se puso manos a la obra de inmediato, practicando como un poseso hasta afianzar su capacidad para improvisar en cualquier tonalidad.

El carnet necesario para trabajar como músico le fue concedido cuando tenía solo quince años. Ahora, convertido en un profesional, podía dedicarse al oficio de forma totalmente legal. Un pianista llamado Bill Channing le ofreció el primer trabajo llamándole para que se integrase en su banda. Por aquellos días también se convertiría en un hombre casado. Había dejado embarazada a una joven de diecinueve años llamada Rebeca, y el pequeño hogar materno de Oliver Street debería dar cobijo al recién formado matrimonio Parker. Rebeca, ayudada por su suegra, intentaría domesticar a un inexperto marido absorto en la música y totalmente ajeno a los asuntos de la vida familiar. Pese a ser todavía un adolescente, Charlie parecía estar ya interesado en los aspectos que podían contribuir a transformar el jazz. Su pensamiento se centraba en esa idea mientras seguía luchando para mejorar como músico y poder finalmente conseguir que sus dedos fuesen tan rápidos como su mente. A mediados de los años treinta los contratos conseguidos por Basie y otros músicos de la ciudad para ir a trabajar a Chicago comenzaban a dejar más espacio para las generaciones emergentes de instrumentistas. Parker quería situarse en el mapa musical de Kansas City.

Volviendo a las jam sessions

Se compró un saxo nuevo y aceptó un puesto en la orquesta de un saxofonista llamado Tommy Douglas. Este músico y líder de banda terminaría con el tiempo siendo una persona de la confianza de Parker, actuando a veces como su mentor y consejero. Charlie aprendió de él las diferencias tonales que se producen al utilizar diferentes cañas, así como la enorme importancia de agilizar la digitación practicando con el clarinete. Aunque parezca increíble, hasta ese momento Parker no había sentido la más mínima preocupación por dos aspectos tan esenciales para un saxofonista. Douglas no pasaría a la historia del jazz como un gran músico, pero sus enseñanzas fueron decisivas y llegaron en el momento propicio. Sin duda tuvieron un papel fundamental en la evolución del joven saxofonista. Pasado ya cierto tiempo desde el desastre del High Hat, y sintiéndose mucho más seguro de sí mismo, Parker estaba dispuesto a volverlo a intentar en las jam sessions. Esta vez el lugar escogido era el templo que acogía a los mejores músicos del momento, el mismo Reno Club donde poca antes había vivido sus escapadas noc-

Las ideas innovadoras del joven Charlie Parker corrían por su cabeza más deprisa que su propia capacidad para ejecutarlas, y a menudo la banda quedaba sumida en un profundo silencio.

turnas. Jo Jones, el aclamado batería de la orquesta de Basie, dirigía desde el escenario estas sesiones en un local repleto de buenos músicos. El ambiente era el de las jam clásicas, una rítmica de primera tocando durante toda la noche y una cola de aspirantes esperando con nerviosismo su turno para batirse en duelo con otros músicos, y mostrar su valía a un público que actuaba como juez mediante los aplausos o los abucheos. Cualquiera en la ciudad que se tuviese por un buen músico debía pasar esa prueba sobre el escenario del Reno, donde el maestro de la batería swing y sus compañeros imponían disciplina y respeto a los aspirantes. Para el turno de Parker se escogió el tema «I Got Rhythm». El saxofonista subió al escenario y comenzó a tocar con soltura los primeros compases. Todo parecía discurrir con absoluta normalidad hasta que volvió a suceder. Las ideas innovadoras corrieron por su cabeza más deprisa que su propia capacidad para ejecutarlas y repentinamente el escenario quedó sumido en un profundo silencio. Jo Jones sentenció aquel intento con gran contundencia, lanzando uno de los platos de su batería junto a los pies de Charlie. Este suceso quedaría grabado para siempre en su memoria, sumiéndole en un apesadumbrado estado de ánimo, aunque en el fondo fue un estimulante para seguir luchando para ser un buen músico. El año 1937 llevaría a Charlie Parker hasta el lago Taneycomo, su maleta iba repleta de discos de Lester Young. Allí se concentró en la práctica del instrumento y aprendió de memoria los solos del saxofonista tenor. A su regreso, tanto su seguridad como músico como la capacidad de expresar las ideas que su mente creaba estaban comenzando a afianzarse.

De nuevo en Kansas City, Parker se encontró con que algunos cambios se estaban produciendo en la ciudad. El gobierno acababa de abrir una investigación en el centro de la cual estaba el alcalde Pendergast como presunto evasor de impuestos. El imperio del político se desmoronaba a pasos agigantados, y el trato de favor concedido a la vida nocturna y al jazz se desvanecía, la noche en la ciudad entraba en una irremediable etapa de declive. Charlie estaba también afectado por sus problemas familiares. Sus relaciones con su esposa y su madre se habían complicado hasta el punto que el saxofonista decidió trasladar su base a Nueva York en busca de un futuro como músico. Encontrar allí un trabajo no era nada fácil, y pronto comprendió que para sobrevivir tenía que ser capaz de aceptar cualquier oficio. Terminaría trabajando de lavaplatos en un restaurante de Harlem. En ese lugar el pollo frito, uno de los platos por los que Charlie sentía predilección, estaría disponible para él durante todo el día. La facilidad para conseguirlo y el enorme apetito que el joven siempre tenía, debieron contribuir a que se le empezara a conocer bajo el pseudónimo Bird o Yardbird. Al margen del abastecimiento de pollo garantizado, aquel restaurante terminaría aportando a Bird una oportunidad realmente interesante. El gran pianista ciego Art Tatum tocaba allí con cierta regularidad para amenizar las cenas de los clientes, y Charlie no podía dejar de escucharle con admiración. Tatum tenía las claves de la improvisación del jazz, con una inventiva sorprendente e inigualable, y al mismo tiempo contaba con las dotes de un pianista clásico. Aquella música de piano sonan-

do en las noches de Harlem dejaría su huella en la inquieta mente del
joven músico, el futuro genio que por el momento debía conformarse
con un trabajo de poca monta en la capital mundial del jazz. La noticia
de la muerte de su padre lo obligó a regresar a Kansas City. Había sido
acuchillado en circunstancias poca claras durante una pelea callejera y
los funerales se celebrarían en la ciudad donde su familia siempre había
residido. La vuelta a casa de Charlie estaría marcada por la fortuna. Jay
McShann, pianista de *boogie-woogie* que dirigía su propia orquesta, y que
en aquel momento pensaba en reunir en su banda a jóvenes y talentosos
músicos, lo llamó para que trabajase con él. Parker tenía solo diecisiete
años y acababa de firmar un contrato que le daría trabajo estable durante los siguientes cinco años. Su papel en la orquesta de McShann terminaría siendo similar al de Lester Young en la de Basie, asumiendo un
papel marcadamente protagonista como saxofonista del grupo. Junto a
Jay McShann grabaría sus primeros solos y consolidaría el nivel como
instrumentista que por fin le permitiría ejecutar aquella ideas innovadoras que desde hacía tanto tiempo estaban en su cabeza. En el marco

El gran pianista, Art Tatum,
dejaría su huella en
la inquieta mente
del joven músico.

de una orquesta que encajaba perfectamente en los esquemas de la gran era del swing, Parker comenzó a sentir la necesidad de integrarse en un ambiente paralelo. Sabía que el contexto de los grupos pequeños era el ideal para poner en práctica aquellas experimentaciones que su carácter creativo ansiaba desarrollar.

Las nuevas ideas de Bird

A principios de los años cuarenta el estilo bebop se encontraba en plena fase de desarrollo, el nuevo jazz se fraguaba entre los músicos más inquietos, jóvenes instrumentistas que sentían la necesidad de un cambio en la música. Esta novedad en el seno de la comunidad musical iba a propiciar la intelectualización del género. La concepción del jazz como música de baile que tenían las big bands del swing pronto dejaría paso a un estilo creado para ser escuchado en clubes y salas de concierto. Las nuevas ideas que Bird albergaba en su mente iban en esa dirección. Había conocido al trompetista Dizzy Gillespie tocando con McShann, y juntos terminarían frecuentando las *jam sessions* que tenían lugar en Harlem hasta bien entrada la madrugada. El lugar visitado con más regularidad era el Minton's Playhouse, un local que acogía a las nuevas generaciones y que no tardaría en convertirse en la referencia más clara cuando se trataba de fijar un lugar de nacimiento para el bebop. Músicos negros como el batería Kenny Clarke, el pianista Thelonious Monk o los propios Parker y Gillespie, cansados de sus dinámicas cotidianas trabajando en el marco de una big band donde noche tras noche debían tocar lo mismo, buscaban nuevas formas, más abiertas y aptas para la improvisación y la libre expresión a través de los instrumentos. Pretendían volar con mucha más libertad sobre el armazón de las estructuras armónicas, y finalmente lo consiguieron. Todo se relajaba en el Minton's, la corrección en la indumentaria no era algo que importase demasiado, así como las actitudes escénicas, que no tenían porque estar sometidas al yugo de la formalidad que imperaba en las big bands.

Charlie Parker, Dizzy Gillespie, Harold West y Slam Stewart durante un concierto en 1945.

El ambiente era distendido y las noches transcurrían en una atmósfera distinta a la de los salones de baile. Muchos músicos de bebop se relacionaron o llegaron a identificar con los perfiles más marginales de la sociedad, especialmente encarnados en poetas y rebeldes que vivían fuera de lo convencional.

Esta identificación se produjo también en el sentido contrario, cuando los escritores de la llamada Beat Generation, un grupo que acogió a autores como Jack Kerouak, Lawrence Ferlingheti o Allen Ginsberg, quiso ver en el nuevo jazz el sonido de su existencialismo vital y rebeldía social. El jazz era ahora la banda sonora de otras disciplinas artísticas, y algunas interacciones interesantes entre diversas formas de arte terminarían contribuyendo al desarrollo de esa intelectualización. El primer público en aceptar la nueva música no fue otro que los músicos que acudían al Minton's para quedar deslumbrados ante las proezas instrumentales de Bird y Dizzy, luego el estilo iría ganando adeptos llegando incluso a conquistar el gusto de los aficionados blancos.

En 1945 las primeras grabaciones de Parker y Gillespie juntos verían la luz. Estos cortes supondrían toda una declaración de principios sobre un bebop que no iba a tardar en difundirse hasta terminar convirtiéndose en la corriente principal, primero en América y luego a nivel mundial. El tándem formado por el alto y el trompetista era ahora la avanzadilla musical de Nueva York, y los numerosos clubes de la calle 52 los acogían con los brazos abiertos para que interpretasen allí su música. Habiendo reunido a los músicos ideales para su grupo y sintiendo que con ellos sería capaz de dar vida a sus ideas, el saxofonista iba a desarrollar una música que sería decisiva para la evolución del jazz moderno. Temas como: «Dizzy's Atmosphere» o «Groovin' High» son grabaciones de esa época en las que el bebop ya palpita a pesar de no estar todavía perfectamente definido. Reside en la música como algo excitante que no tardará en cobrar una forma definitiva, anunciando un cambió radical en la tendencia que el jazz va a tomar. Dos obras monumentales grabadas unos meses más tarde: «Salt Peanuts» y «Hot House» sentarán las bases del estilo: presentación de la melodía principal al inicio de la ejecución del tema, desarrollos consecutivos de los solos y vuelta a la melodía principal para concluir. El sonido buscará la huida deliberada del hot, las rítmicas tendrán un papel mucho más libre y llegarán a adquirir una marcada individualidad, se romperá la pulsación del swing y los tempos más rápidos serán frecuentados incluso en las baladas. Por otra parte, una cierta base filosófica destinada a identificar esta música con las reivindicaciones de la negritud siempre caminó de la mano del nuevo estilo. Ahora Parker ya era imparable, había reubicado los acentos y moldeado la morfología esencial del jazz de su tiempo, la comunidad musical afroamericana iba a ver en él a uno de los personajes imprescindibles de su cultura.

El encuentro a finales de ese mismo año con un jovencísimo trompetista llamado Miles Davis motivaría que Parker pensase que contratándole podría formar un nuevo quinteto en el que Gillespie, a veces, tendría la función de pianista. Con Max Roach a la batería, Curley Russell al contrabajo y John Lewis encargándose del piano cuando no lo hacía Dizzy, el primer gran combo del bebop estaba formado. El grupo,

Parker fue adicto a la heroína casi desde su adolescencia. Muchos músicos lo imitaron con la convicción de que así podrían elevar su calidad musical.

perfectamente ensamblado y contando en sus filas con algunos de los talentos del momento, sería capaz de transmitir en poco tiempo que el bebop, aunque nuevo y libre, podía sonar como un estilo identificable, homogéneo y cohesionado. A partir de este momento las grabaciones comenzaron a sucederse. Desde el bellísimo solo de Parker en «Billie's Bounce» a la original adaptación del clásico «Cherokee» (que Bird terminará convirtiendo en «Warming Up A Riff»), la producción de esos días era magnífica y quedará como uno de los momentos más intensos del nuevo jazz. A este período pertenecen también títulos de altura como: «Ornitholgy», «Bird Love» o «Yardbird Suite», pero en 1946 Parker comenzaría a mostrar claros síntomas de que avanzaba hacia una profunda depresión.

La desesperación y la tristeza

El primer acto de la tragedia tuvo lugar en la Costa Oeste, a donde Bird se había trasladado llamado por el trompetista Howard McGhee. El saxofonista vivía un momento complicado y su ánimo estaba por los suelos. Acababa de iniciar una lucha para librarse de la heroína, droga a la que era adicto desde una edad muy temprana. Su aspecto estaba desmejorado y mostraba un claro abandono. Afectado por la desnutrición y el alcoholismo su estado de forma estaba lógicamente bajo y parecía difícil que pudiese encontrar las fuerzas necesarias para rehacerse. Se había contratado un estudio de grabación por unas horas y, con todo a punto para hacer una primera toma de «Lover Man», los músicos estaban preparados para iniciar la sesión. Jimmy Bunn, el pianista empezó con la introducción pero se vio obligado a alargarse más de lo necesario ya que Bird había perdido su momento de entrada con el saxo alto. Cuando por fin consiguió entrar con varios compases de retraso, su sonido fue, tal y como lo describe el productor Ross Russell, estridente y angustioso. Su fraseo revelaba desesperación, impotencia y tristeza. Russell añadiría que las notas emitidas por el instrumento de Parker parecían venir de un nivel subterráneo, como una pesadilla. Una frase no concluida puso final a la toma y la sesión continuó con otros temas que no hicieron más que empeorar la situación. Todo el mundo en el estudio parecía estar notablemente afectado, temiendo que el trabajo realizado durante la sesión no estuviese a la altura que se esperaba. Cuando Parker, incapaz ya de seguir tocando, se desplomó sobre un sillón de la sala de grabación, todos estaban ya convencidos que ninguna de las tomas grabadas podía ser editada. El tiempo ha terminado desmintiendo en cierta medida aquella impresión, todavía hoy, escuchando la traumática toma de «Lover Man» que Bird grabó el 20 de julio de 1946, se puede percibir que la médula espinal de su arte está profundamente inscrita en ella. Si pretendiésemos destilar lo esencial de su saxofonismo, esta versión nos ahorraría posiblemente mucho trabajo. Tras aquellas horas amargas un taxi llevó a Parker al Civic Hotel. Se metió en la cama para salir de ella poco después dispuesto a bajar a recepción a hacer una llamada telefónica. Lo hizo, pero el hecho de presentarse ante el portero absolutamente desnudo motivó que el director del hotel intentase convencerle de que volviese a su habitación. Parker obedeció y regresó a su cuarto donde fue encerrado con llave. Pocos minutos después un huésped muy asustado alarmó al portero diciendo que salía humo de una de las habitaciones. Bird, bajo los efectos de una fuerte dosis de fenobarbital, había prendido fuego al colchón de su cama. La policía no tardó en llegar, le pusieron una camisa de fuerza y se lo llevaron de allí. Finalmente fue ingresado en un centro de salud mental llamado Camarillo. Permaneció interno en ese lugar durante los siguientes siete meses.

Su vuelta al estudio en febrero de 1947, para grabar junto al pianista Erroll Garner, puso de manifiesto que se trataba de un hombre que volvía a estar en plena forma. Temas como «Bird Nest» o «Cool Blues» son la mejor muestra de ese magnífico estado, el inicio de una nueva etapa del saxofonista como músico plenamente activo. Su presencia se vería reforzada en la escena del jazz y su popularidad, a pesar de los acontecimientos de la Costa Este, se mantenía intacta entre el público y los músicos. Ese mismo año se reencontraría con Miles Davis, y este acontecimiento daría como fruto la grabación de veinticinco cortes que acabarían considerándose como los clásicos del bebop. Davis (solo en dos de los cortes fue substituido por J. J. Johnson) y el baterista Max Roach serían los miembros más estables del nuevo quinteto. Este grupo se completaría, según las circunstancias y disponibilidades, por músicos tan notorios como los pianistas Duke Jordan, Bud Powell y John Lewis y los contrabajistas Tommy Potter, Curley Russell y Nelson Boyd. La mayor parte de las tomas grabadas en esas sesiones tenderían al tempo medio y mostrarían un desarrollo común en todas ellas: unísono en la exposición del tema, puente a cargo de Bird, solo de saxo alto, solo de trompeta, solo de piano y regreso al tema principal. Esta sería la estructura que hasta hoy se considera como la clásica del bebop, una estructura en la que Bird podía volar sin problemas desarrollando su inmensa creatividad como solista. El ensamblaje del saxo alto con la trompeta de Miles Davis provocaba tensiones y atmósferas intensas y novedosas para el jazz de entonces. Con el maestro Max Roach a la batería, la rítmica asume un papel que va más allá de la función que había tenido anteriormente en un grupo de jazz. Todo encajaba a la perfección y las sesiones eran un paso agigantado en el desarrollo de la música afroamericana.

El año 1947 fue excepcional en la carrera de Bird. Convertido ya en un músico famoso y enormemente admirado, la etapa que ahora iba a iniciar sería musicalmente rica aunque marcada por matices diferentes. Desde las grabaciones al estilo latino con la banda de Machito a las sesiones con orquesta de cuerda sobre títulos escritos por Cole Porter. Pero Bird se mantenía en su genialidad, dispuesto a experimentar con diferentes acompañamientos sin perder por ello el poder y la marcada identidad de su forma de expresarse con el saxo alto. Una invitación para ir a París y participar en el Festival de Jazz de Pleyel le llega en 1949, y eso le brinda la oportunidad de realizar sus primeros conciertos fuera de los Estados Unidos. Allí podría comprobar la diferencia de trato brindada a los músicos de jazz por la sociedad europea, así como el extendido gusto de los intelectuales por el jazz. Boris Vian le presentaría a Jean Paul Sartre, y los artistas más importantes de la ciudad le mos-

El reencuentro con Miles Davis en 1947, daría como fruto la grabación de veinticinco temas que acabarían considerándose como los clásicos del bebop.

traron el respeto y admiración que sentían por su música. Parker sintió perplejidad al recordar que en su país un músico de jazz es considerado por la administración al mismo nivel que un artista de variedades. A su regreso de Europa sus grabaciones se harían menos frecuentes, aunque las tomas junto a Dizzy Gillespie de «Bloomdido», «An Oscar For Treadwell», «Melancholy Baby» y «Mohawk» quedarán para la historia entre sus mejores logros, junto al concierto del Massey Hall de Toronto del 15 de mayo de 1953. Considerado por muchos como el canto del cisne del bebop, este concierto surgió por una iniciativa que la New Jazz Society de Toronto había tenido unos meses antes, cuando contactaron con Parker durante una breve estancia del saxofonista en Montreal. Allí mismo se firmó un contrato asegurando al músico un fijo más un porcentaje sobre la venta de entradas. La decisión sobre los músicos que lo acompañarían se dejó para más tarde, y fueron los propios organizadores quienes tuvieron la idea de reunir junto a Bird y en un mismo escenario a cuatro de las grandes figuras del momento. Dizzy Gillespie se encargaría de la trompeta, Bud Powell del piano, Charles Mingus del contrabajo y Max Roach sería el batería. Juntos escribieron una de las páginas más bellas e intensas de la historia del jazz. El concierto del Massey Hall fue grabado para su posterior edición en disco, apareciendo primero en el sello Debut y más tarde en multitud de com-

El paso de Bird por la historia del jazz supuso una transformación sin precedentes, aportando cambios profundos que, aunque no siempre bien comprendidos, terminarían trazando los senderos de futuro del género.

pañías de diferentes países. *Jazz At Massey Hall* permanece hoy intacto como uno de los álbumes de referencia del jazz de todos los tiempos, una joya registrada en directo que su inmensa calidad musical supone el mejor testimonio de los últimos latidos del bebop tocados por un grupo que acogía a sus ases. Fue un concierto extraordinario que no tuvo ni prueba de sonido, y en el que los músicos salieron al escenario sin haber acordado previamente el repertorio que iban a tocar. Una ocasión irrepetible que por fortuna quedó grabada para la posteridad.

El arte de Charlie Parker lo llevó a ser considerado como el más grande solista del saxo alto, así como el improvisador más importante de la historia del jazz. Su estilo, claramente heredero del blues y del sonido de Kansas City, partió de una muy personal visión de las armonías que provenían del jazz más tradicional. Mostró una impresionante capacidad para introducir en su discurso elementos rompedores que contribuyeron a dotar a la música que tocaba de sorprendentes tensiones. En su concepción de la música el tema interpretado era solo un elemento más, en el mismo grado de importancia que los libres desarrollos de los solistas o las partes rítmicas que a veces adquirían un marcado protagonismo. Su paso por la historia del jazz supuso una transformación sin precedentes, aportando cambios profundos que, aunque no siempre bien comprendidos, terminarían trazando los senderos de futuro de este género musical.

Inestabilidad familiar

Las últimas apariciones de Charlie Parker en el Birdland, club neoyorquino que había escogido ese nombre en honor a él, fueron bastante conflictivas y reflejaron el drama que Parker seguía viviendo en esa época. La falta de estabilidad en su vida familiar y los devaneos con el alcohol y los narcóticos marcaban su personalidad y acentuaban su condición de artista atormentado. Sus últimos años estuvieron marcados por la irregularidad y el conflicto, y en bastantes ocasiones necesitó la ayuda de la baronesa Pannonica de Koenigswater, aristócrata europea afincada en Nueva York que era muy conocida por la protección y ayuda que brindaba a los músicos de jazz. En 1954, afectado por la muerte prematura de su hija y tras una disputa con su esposa Chan, Bird se encerró en el cuarto de baño de su casa, se tragó una botella de yodo e ingirió un tubo entero de aspirinas. Una ambulancia lo llevó al Bellevue Hospital donde, tras un lavado de estómago, estuvo en permanente vigilancia. Su internamiento duro diez días y cuando recuperó fuerzas y algo de ánimo fue dado de alta.

El 25 de septiembre actuó en el Carnegie Hall compartiendo escenario con Billie Holiday, Sarah Vaughan, el Modern Jazz Quartet y la orquesta de Count Basie. Cuando le llegó el turno a Charlie su actuación no estuvo a la altura, pero supo llevar el timón evitando llegar al naufragio. La revista *Down Beat* fue condescendiente con él en la reseña del concierto, afirmando que aunque Bird no estaba en su mejor momento, al menos su actuación había confirmado como era capaz de tocar en sus horas más relajadas. Tres días más tarde regresaba por su propia voluntad al Bellevue Hospital manifestando que sufría una depresión profunda y temía por su integridad. El diagnostico de alcoholismo profundo y esquizofrenia indiferenciada, así como las tendencias suicidas y las actitudes violentas hacia su mujer e hijos cuando estaba bebido, serían posiblemente las últimas frases escritas en un impreso oficial sobre la personalidad del músico. Ahora se había convertido en un ser que vagaba sin destino fijo, repitiendo una y otra vez el mismo itinerario en el metro de Nueva York o resguardándose al alba en bares y restaurantes que no cerraban nunca.

La última sonrisa

Bird estaba inmensamente triste y su vida había entrado en una caída al abismo. Paso los últimos días de su vida en la suite de la baronesa de Koenigswater en el Hotel Stanhope. Llegó allí el 9 de marzo de

Pocos días después
de su muerte, en las
paredes del Greenwich
Village se podía leer la
frase: «Bird Lives».

1955, parecía enfermo y su estado físico era lamentable. La aristócrata
le brindó todos los cuidados y atenciones e incluso puso un médico a
su disposición. Tres días más tarde Pannonica lo ayudó a trasladarse
a un sofá cerca del televisor para que pudiese ver el show de Tommy
Dorsey. Se sentía débil pero pensó que después de ver el espectáculo
podía comer algo. Dorsey apareció en pantalla y tocó «Getting Sentimental Over You», al terminar la pieza dio paso a un prestidigitador.
Se trataba de un número de ladrillos voladores que chocaban entre sí,
y Charlie, que ya había visto ese mismo truco en los viejos tiempos de
Kansas City, comenzó a reírse. Era un ataque de risa sin medida, carcajadas desinhibidas que llenaban la habitación. Unos segundos más tarde
estaba muerto, sus órganos habían dejado de funcionar y la garganta se
le había inundado de sangre. La noticia impactó profundamente en la
comunidad jazzística. Pocos días después de su muerte en las paredes
del Greenwich Village y en los muros de las estaciones de metro aparecieron pintadas en las se podía leer la frase: «Bird Lives».

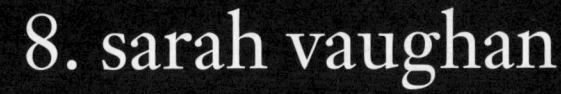

8. sarah vaughan

sarah vaughan

Sarah Vaughan nació el 27 de marzo de 1924 en Newark, Nueva Jersey. Su padre era carpintero y su madre trabajaba en una lavandería, el ambiente familiar se caracterizaba por un arraigado y severo respeto en lo concerniente a la religión, actitud que sin duda estimuló su afición por lo musical. El protagonismo de la música en cualquiera de los rituales religiosos de la comunidad afroamericana sería sin duda uno de los aspectos que la impulsó a convertirse en cantante de jazz. Con diecisiete años asistía ya a clases de piano y alternaba el aprendizaje de este instrumento con el estudio del órgano como segunda opción. Cantaba gospel en la iglesia baptista de Monte Sión y soñaba con un futuro en el que la voz fuese su principal herramienta de trabajo. Su irrupción en el mundo del jazz no fue diferente a la de otras cantantes de aquellos años y tal y como le sucedió a Ella Fitzgerald diez años antes, resultó ganadora del concurso para amateurs del teatro Apollo de Harlem. A partir de ese suceso se iniciaría una carrera profesional que terminaría llevándola a la fama y el reconocimiento mundial. Hoy, Sarah Vaughan sigue siendo considerada una de las voces más importantes del jazz y una de las artistas cuya influencia ha contribuido a la evolución del género.

Es sabido que durante sus primeros años tuvo un trabajo regular en la orquesta de pianista Earl Hines, pero la inexistencia de grabaciones de esa época nos impide saber cómo sonaba la voz de Sarah en aquellos tiempos de gestación de su estilo. Su paso por la formación de Billy Eckstine legaría un registro fechado en 1944, un tema llamado «I'll Wait And Pray»en el que la cantante actuaba como vocalista de la orquesta, pero un solo título, aunque eternizado en un fonograma, no

Sarah Vaughan en el Café Society, en el Downtowm de Nueva York en agosto de 1946.

puede ser considerado como suficiente para hacer una valoración de su voz. Tras obtener el primer puesto en el concurso del teatro Apollo, su carrera comenzaría a tomar forma. Había conseguido aquel primer triunfo contando solo con diecinueve años y las consecuencia de ese logro le permitirían relacionarse directamente con los jóvenes músicos que trabajaban en la banda de Eckstine, los mismos genios que en aquellos días iniciaban la profunda revolución que el estilo bebop supuso para el jazz. Charlie Parker y Dizzy Gillespie trabajaban para Eckstine cuando la joven cantante entró en la formación y, teniendo en cuenta que esa orquesta fue también la cocina donde se elaboraron los primeros ingredientes de lo que sería el jazz del futuro, no es de extrañar que la joven e influenciable Sarah sucumbiese a la admiración por los ímpetus transformadores del saxo alto y el trompetista.

El entendimiento era mutuo y la química parecía funcionar bien. Ella se dejaba fascinar por el vértigo sonoro de aquellos solistas, y ellos se limitaban a considerarla como un miembro más de un colectivo de jóvenes músicos entregados a la apasionante labor de cambiar el jazz de su tiempo. Quien más interés sentiría por ella sería Gillespie. Impulsado quizás por la necesidad de involucrarse más activamente en la carrera de aquella joven cantante que ya era capaz de frasear con desenvoltura y libertad, el trompetista llegaría a propiciar las primeras grabaciones de Sarah. La sesión, organizada por el crítico Leonard Feather para el sello Continental, tuvo lugar a finales de 1944 y el escaso presupuesto motivó que Feather tuviese que hacerse cargo de las partes de piano en algunas de las piezas. «A Night In Tunisia» (entonces todavía conocida como «Interlude») fue registrada entonces por primera vez, y tardaría todavía algunos años en convertirse en uno de los temas antológicos de la era de bebop.

El mismo Gillespie no dudaría en incorporarla, poco más tarde, a uno de los grupos considerados como fundacionales del nuevo estilo. Se trataba de un quinteto en el que además del trompetista y la cantante también estaba Charlie Parker. La compenetración entre los tres fue prácticamente absoluta y esto afecto sin duda a los resultados obtenidos. La grabación de «Lover Man», tema que seguía manteniendo como poderosa referencia la versión inmortalizada por Billie Holiday, cobraría en manos de este combo matices claramente diferentes y una nueva dimensión en cuanto a musicalidad y expresión. No se trataba de menospreciar la elevada interpretación legada por Lady Day, sino más bien de un intento de buscar fórmulas para ofrecer visiones de los clásicos del jazz distantes a las entonces conocidas por el gran público y acomodadas en el gusto popular.

Sus primeras grabaciones

Estas primeras visitas a los estudios de grabación contribuirían notable-mente a fortalecer los primeros impulsos de la carrera de quien todavía era una cantante emergente. El siguiente paso vendría de la mano del sello Musicraft, un contrato que comprometía a Sarah a realizar una serie de sesiones de estudio con formaciones diversas; desde el grupo del pianista Teddy Wilson a la orquesta de George Auld. Estas incursiones en diferentes estilos ayudarían a la cantante a sentirse familiarizada con estéticas diferentes al bebop que había marcado sus inicios. Para una de ellas, el pianista y compositor Tadd Dameron escribiría el tema «If You Could See Me Now» y el elenco de músicos escogidos para la sesión mostraría a Sarah el contexto del jazz moderno. El trompetista Fred Webster, el saxo barítono Leo Parker y dos músicos de referencia del bebop, como el pianista Bud Powel y el batería Kenny Clarke, contri-buirían junto a la cantante a que el resultado de la balada fuese magnífi-co por su ejecución y sorprendente por su refinamiento. Los trabajos de Sarah Vaughan para Musicraft terminaría aportando diversos aspectos a su trayectoria musical, y la ayudarían a conocer algunos músicos que tendrían gran importancia en su incipiente carrera. Fue precisamente entonces cuando inicio su relación con el pianista Jimmy Jones, quien se convertiría en uno de sus colaboradores habituales y permanecería junto a ella durante más de diez años. También en ese momento cono-ció y contrajo matrimonio con el trompetista George Treadwell, una

Sarah Vaughan en el estudio de grabación, en Nueva York, 1950.

figura importante en su vida ya que, además de ejercer como músico, terminaría convirtiéndose en el representante de Sarah hasta finales de la década de los cincuenta. Esos años verían como la fama la iba alcanzado poco a poco, obteniendo un primer éxito de ventas con el tema «It's Magic» y la consideración de mejor cantante de jazz en las páginas de grandes revistas como *Down Beat* o *Metronome*.

Los años cincuenta seguían su curso y Sarah Vaughan iba creciendo como artista. Muy pronto un importante suceso afectaría a su vida como artista y determinaría el contenido de buena parte del material discográfico que la cantante iba a legar al mundo durante los años siguientes. Había conseguido firmar un contrato con Columbia, uno de los sellos más grandes de la industria discográfica y las directrices marcadas por los directivos de esa compañía afectarían a la producción de la cantante hasta el punto de alejarla, durante un tiempo, del jazz. Los clubs más importantes le hacían ofertas cada vez más sustanciosas para que actuase en ellos y el número de seguidores crecía conformando un pequeño ejercito repartido por la geografía norteamericana. Estaba claro que desde su discográfica se estaba haciendo un muy bien planificado esfuerzo para convertirla en una estrella, pero como en tantos casos, el precio de esa estrategia sería grabar discos que en ocasiones no mostraban precisamente lo que se es-

pera de una gran vocalista de jazz. Acompañada por orquestas como las
de Percy Faith o Norman Leyden, su repertorio cayó a veces en lo superficial, melodioso e insustancial, aunque algunas excepciones brindaron la
oportunidad de vislumbrar a la gran cantante de jazz que se escondía tras
aquel montaje comercial. Las sesiones de 1950, con un acompañamiento
que, además del pianista Jimmy Jones incluía, entre otros, a Miles Davis
y Bud Johnson, supondrían una de las excepciones positivas a la producción realizada para Columbia, un retorno a la esencia jazzística en el que
también se mostraba la estética predominante en el Miles Davis del momento. Respecto a sus conciertos en directo y sus numerosas visitas a los
escenarios europeos, es curioso ver el contraste que en esa época producía
el hecho de que en los escenarios Sarah se mostraba fiel a la esencia del
jazz mientras que los discos suyos que salían al mercado la mostraban en
una vertiente mucho más comercial. A pesar de ello, su definitiva consa-
gración como artista no llegaría hasta el final de la década, más concretamente en 1959, fecha en la que conseguiría finalmente el ansiado millón
de copias vendidas. El tema afortunado fue «Broken Hearted Melody».

Llegó su consagración

El año 1954 destaca en la carrera de Vaughan por la grabación de un excelente álbum junto al genial y malogrado trompetista Clifford Brown.
El disco, sencillamente titulado *Sarah Vaughan*, ha sido considerado
como una de las obras maestras indiscutibles del jazz vocal. Los recursos utilizados por la cantante en ese álbum, desde el canto scat hasta el
susurro o la utilización del silencio en la estructura musical, convierten
a la obra en algo excepcional, intemporal y de obligada escucha para
asimilar la grandeza de esta artista. Los arreglos de este trabajo fueron
escritos por Ernie Wilkins y el sexteto de músicos que la acompañó estuvo formado por Clifford Brown en la trompeta, Paul Quinchette en
el saxo, Herbie Mann en la flauta, Jimmy Jones al piano. Joe Benjamin
al contrabajo y Roy Haynes a la batería.

Fue un proyecto sin par, necesario también para comprender lo que Sarah podía llegar a hacer simultáneamente a las imposiciones comerciales de su compañía discográfica. Pero una nueva modalidad en su siguiente contrato discográfico iba a permitir que Sarah pudiese desarrollarse sus dos vertientes diferentes. Por un parte, las grabaciones para el sello Mercury se realizarían con acompañamiento orquestal e irían destinadas a un sector amplio de público sin demasiada inclinación hacia las sonoridades del jazz. Por otra, las sesiones para EmArcy, iban a permitir que la cantante pudiese desarrollar su arte en un contexto plenamente jazzístico, fiel a los orígenes de su carrera y al feliz amparo legal que le permitiría desarrollar su cara más honesta y satisfacer así el gusto de numerosos aficionados. Lógicamente EmArcy iba a ser la compañía que propiciase el material grabado de la mejor Sarah de entonces, una cantante repleta de cualidades, emocionante en su forma de moverse en el contexto del jazz vocal y dispuesta a dar lo mejor de sí misma en un entorno de recobrada libertad.

El disco *Swingin' Easy*, grabado en 1954 resulta estimulante, con una cantante increíblemente capacitada para ofrecer grandes dosis de expresión e incluso sorprender cuando se adentra en las interpretaciones

El disco, sencillamente titulado *Sarah Vaughan*, ha sido considerado como una de las obras maestras indiscutibles del jazz vocal.

en scat. El batería Roy Haynes, el contrabajista Richard Davis y el habitual Jimmy Jones en el piano la acompañarían en *At Mister Kelly's*, una sesión en directo de 1957 grabada en el famoso club de Chicago, una ocasión perfecta para redescubrir a la a la gran cantante, arrolladora y dispuesta a llegar a lo más profundo de las emociones del público a través de su voz. Los discos se suceden durante los años sesenta y un elenco de grandes músicos se va alternando en los combos que acompañan a la cantante. La edición por Roulette del concierto junto a Count Basie en el Carnegie Hall, así como otros discos de identidad plenamente jazzística, suponen lo bueno y mejor de este magnífico segmento de la carrera de Vaughan. Los éxitos se suceden. Su triunfo en Japón a principios de los setenta la consagra definitivamente ante uno de los públicos más fieles al jazz del planeta. Nada puede ya ensombrecer el prestigio de una artista que sintiéndose a sus anchas en el contexto del jazz parece poder con todo lo que le pongan por delante.

Una nueva faceta musical

La finalización en 1967 de su relación con el sello Mercury supondría una notable parada en la carrera de la cantante. La llegada, ya en 1971, de una propuesta de contrato por la compañía Mainstream reactivaría una carrera que había estado en peligro de detenerse para siempre. Este nuevo compromiso contractual iba a proporcionar más discos imprescindibles, como el grabado junto al pianista Jimmy Rowles, toda una muestra de jazz de altos vuelos protagonizada por la vocalista y un pianista de gran calidad y carisma. Curiosamente, en este último período, la diva del jazz mostraría cierta inclinación por la estética operística. Todo comenzó con la interpretación como una aria del tema «Send In The Clowns», primer síntoma de una predisposición a la ópera que la llevaría a la realización de *Gershwin Live!*, obra ejecutada junto a la Filarmónica de Los Ángeles y editada por CBS en 1982 que la haría conseguir un premio Grammy.

Sarah Vaughan tenía una personalidad temperamental y podía llegar a ser extremadamente difícil trabajar con ella.

Aquella joven que un día, desde su hogar familiar en Nueva Jersey, había soñado con convertirse en una cantante profesional, era ahora una señora de edad madura con una larga experiencia a sus espaldas. Había conocido el sabor de la gloria y el triunfo y había salido triunfante de sus devaneos a ambos lados de la música popular. Era una gran artista que, a pesar de no haber obtenido una fama equiparable al de compañeras suyas como Ella Fitzgerald o monstruos de la canción popular como Frank Sinatra, contaba con un amplio reconocimiento internacional. Había conseguido, a la vez que la profunda admiración y el sincero respeto de los aficionados al jazz, el reconocimiento de un público más amplio interesado en la música popular que había llegado a convertir algunas de sus canciones en bandas sonoras de momentos concretos de sus vidas. En lo personal estuvo marcada por la paradoja. Era una artista difícil, una persona con la que casi siempre resultaba complicado trabajar, pero la mayoría de los músicos que tuvo a su lado iban a terminar recordando su experiencia con ella entre las mejores de sus vidas. La muerte le alcanzó en 1990, tenía 66 años y no pudo vencer la batalla contra su cáncer de pulmón.

9. thelonious monk

thelonious monk

El pianista Thelonious Monk fue sin lugar a dudas una de las personalidades más singulares de la historia del jazz. Su música supuso un contraste con las corrientes principales de su época, aunque nunca dejó de sorprender e influenciar a los músicos que lo escucharon. Fiel a una musicalidad adecuada para expresar las características de su universo personal, su estética corrió paralela, a veces acercándose y otras manteniendo las distancias, al bebop imperante durante los años cuarenta y cincuenta, estilo que él había contribuido a crear y del que llegó a ser considerado sumo sacerdote. La responsabilidad de Monk en la aparición del bebop es uno de los temas que la historiografía del jazz ha utilizado de forma más recurrente: las interminables *jam sessions* de madrugada en el Minton's Play House de Harlem, compartiendo escenario con el batería Kenny Clarker y los arrolladores Charlie Parker y Dizzy Gillespie. Esas veladas moldearon un estilo, y Monk, expresándose con su peculiar forma de tocar el piano ya mostraba algunos de los elementos que terminarían definiendo su arte. Su estilo fue un episodio decisivo para el jazz moderno, pero iba a seguir un camino diferente que no siempre sería aceptado y comprendido. Hoy Thelonious Monk sigue siendo una de las influencias más poderosas y constantes en las generaciones de músicos emergentes y su legado no ha dejado de afectar a muchas de las propuestas pianísticas contemporáneas.

Nació en Rocky Mountain, Carolina del Norte, el 10 de octubre de 1917. Quienes tuvieron la oportunidad de escucharlo tocar durante sus primeras intervenciones locales afirman que su sonido venía de dos grandes pianistas que lo antecedieron: Teddy Wilson y Fats Waller.

Thelonious Monk, Howard
McGhee, Roy Eldridge y Teddy
Hill, en la entrada del Minton's
Playhouse, Nueva York, en 1947.

Dos viejos estilos como el ragtime y el stride habían pasado de moda,
aunque en aquellos años de juventud de Monk no era difícil poder escucharlos, y una cierta pervivencia de esas formas añejas permanecía en
las manos del joven pianista, que los asimilaba para transformarlos en
algo nuevo y tremendamente original. Monk sería decisivo en la ruptu-
ra de la simetría en la tradición del jazz, así como en la utilización de los
silencios como recurso artístico. Su arte, interpretado con una técnica
de piano percutiva y alejada de lo académicamente correcto, descon-
certaría al principio a la crítica y llegaría a disgustar a algunos músicos
puristas y ortodoxos. Sus conceptos de ritmo, armonía y estructura terminaría suponiendo un reto a superar no solo por sus contemporáneos,
sino también por varias generaciones de músicos posteriores a él, y su
música, basada en una lógica exacta en donde lo superficial no tenía cabida, habría de culminar en uno de los legados más bizarros y hermosos
de la historia del jazz.

Monk, que comenzaría a contar con cierto prestigio como músico
alrededor de los treinta años, vivió una primera etapa profesional algo
difusa. Había conocido lo que es actuar en directo participando en *rent*

parties y tocando el órgano en la iglesia baptista de su ciudad. Se sabe que hacia 1935 decidió recorrer mundo acompañando al piano a un predicador y que luego, de vuelta a casa, formó un cuarteto con el que llegó a actuar en diversos clubes. Pero el primer período significativo de Monk como músico profesional se inició en 1941 y tuvo lugar en el Minton's, el club que Harry Minton había abierto en Harlem a comienzos de la Segunda Guerra Mundial. El pianista era un asiduo del lugar, se le consideraba un parroquiano que acudía por allí todas las noches para tocar el piano. Seguramente en su interior albergaba el deseo de que el público habitual, mayoritariamente compuesto por músicos, comenzase a valorarle como instrumentista.

Jam sessions para los mejores

El club contaba con jam sessions diarias que se alargaban durante casi toda la noche. Aunque solo los mejores tenían derecho a participar en ellas, la asistencia de aspirantes era enorme, largas colas de músicos esperaban turno para mostrar su talento sobre el escenario, pero no todos ofrecían el nivel deseado por los responsables de las sesiones. Eso debió motivar que Monk y el batería Kenny Clarke compusieran «Epistrophy», un tema difícil especialmente concebido para asustar a los músicos novatos. Se dice que el pianista adoraba aquel lugar, su presencia era constante y Teddy Hill, director artístico de Minton's, contaba que algunas noches era necesario pedirle con delicadeza que se fuese a casa para poder cerrar el local. Un contrato esporádico con la orquesta de Lucky Milhinder lo apartó temporalmente de su amado local, pero no iba a tardar en regresar para quedarse allí hasta la publicación de «Round About Midnight», una de sus composiciones más importantes que llegaría a convertirse en una de las baladas esenciales del jazz moderno. En ese momento el gran saxofonista Coleman Hawkins lo llamaría para que fuese a tocar con él al club Onyx en la calle 52. Esa relación profesional se alargaría hasta que Hawkins le propusiera salir de gira y

Monk, nada atraído por la perspectiva de alejarse de Nueva York, prefiriese dejar el puesto al también pianista Sir Charles Thompson. Esta
decisión, como algunas otras que llegaría a tomar a lo largo de su vida,
lo puso en una situación bastante difícil como profesional, sumiéndolo
en un período en que la necesidad, e incluso la miseria, se adueñaría de
su vida. Era el inicio de diez años de dificultades, una época en la que
no era difícil verle paseando por Harlem con aspecto abandonado y la
mirada perdida, ausente al tumulto de la gran ciudad que lo rodeaba.
Sería difícil precisar como consiguió sobrevivir durante esos años, pero
es seguro que las llamadas de compañías como Blue Note y Prestige,
solicitando sus grabaciones, paliaron de algún modo esa lamentable situación. En ese momento el estilo de Monk estaba moldeado, sus dedos
recorriendo el piano desprendían un sonido que ya le hacían un músico
singular e identificable. Contaba con un puñado de composiciones que
alcanzarían, años más tarde, el estatus de esenciales en la evolución del
jazz moderno. El Monk de entonces estaba ya en situación de presentar una parte importante de lo más significativo de su repertorio. Esos
años de vicisitudes económicas debieron ser para él inspiradores y fructíferos, al menos eso es lo que se desprende tras escuchar sus discos de
entonces, cruciales para su carrera. *Genious Of Modern Music Vol.1*, grabado en 1947, sería su disco de debut y en él mostraba sus dotes como
improvisador y hábil creador de melodías.

Un suceso dramático

Dos álbumes más tardíos, y grabados con pocos años de diferencia,
Misterioso (1948) y *Criss Cross* (1951), resultan muy eficaces para internarse en su estética y asistir a lo novedoso de su escritura musical. Son
dos obras cargadas de extraña belleza, extremadamente singulares y llenas de atrevimiento artístico. Todo el misterio del arte de Monk brota
de esos discos con amabilidad, como una invitación a adentrarse en los
paisajes sonoros propuestos por esa música, mostrando a la vez la osadía

Thelonious Monk, tocando
en el Minton's Playhouse de
Nueva York, en 1947.

que su compositor debió tener para crearla en unos años en que el bebop era todavía el estilo más aceptado por los más modernos y avanza-
dos. Un suceso dramático daría un giro a su carrera en agosto de 1951.
Fue arrestado por posesión de narcóticos y le fue retirado el carnet que
le permitía trabajar en los clubes de Nueva Cork. Esto motivaría que
pasase los siguientes años grabando discos o actuando en teatros y locales de otras ciudades. En realidad Monk había encubierto a su amigo, el
también pianista Bud Powell, que era quien realmente llevaba encima la
droga. Sabía que Powell tenía ya grandes problemas en ese momento y
se negó a denunciarle para no empeorar su situación.

En 1954 Monk iba a formar parte de un quinteto que también dejaría
excelente material para la historia. Contaba con el liderazgo de Miles
Davis en la trompeta, Milt Jackson en el vibráfono, Percy Heath en el
contrabajo y su viejo amigo Kenny Clarke en la batería. Esta formación
realizaría las grabaciones de «The Man I Love» y «Bag's Groove», me-
recedoras también de figurar entre lo mejor del legado monkiano. El
pianista mostraba sin prejuicio alguno su visión sobre la modernidad
del jazz y lo hacía siguiendo su propio camino, reinando en solitario

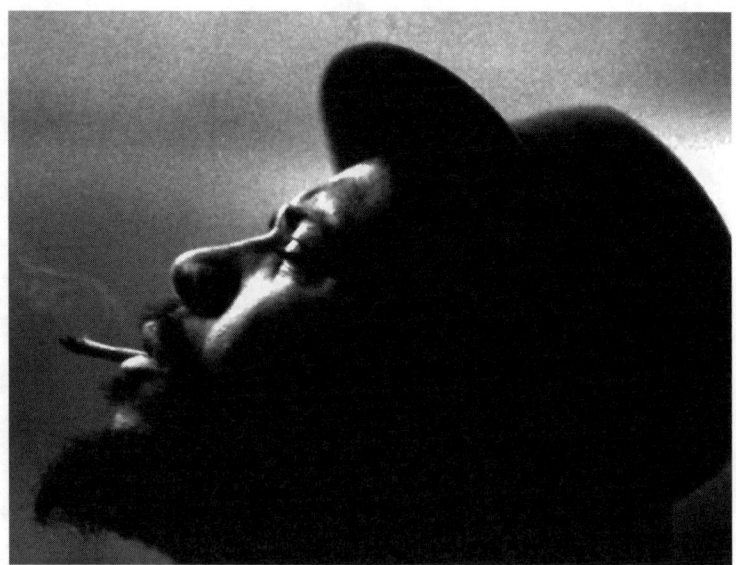

Thelonious Monk siempre será reconocido por su estilo único basado en la improvisación.

en una apasionante forma de ver la música de la que él era el único representante. Todo ese material que vio la luz por aquellos días debería esperar todavía algún tiempo para convertirse en referencia de la generaciones siguientes, incluso en la gran influencia del jazz actual. Ambos títulos deben considerarse esenciales, aunque durante la temporada inmediatamente posterior a su publicación Monk comenzaría a mostrar síntomas de entrar en un extraño bloqueo creativo.

Se había alejado temporalmente de su brillantez habitual y nadie conocía muy bien los motivos. Algunos de los músicos que lo trataron afirman que su problema no era otro que un repentina perdida de dirección después de haber sido capaz de llegar muy lejos en el terreno de la experimentación musical. Es difícil precisar cuáles fueron las verdaderas causas que llevaron al maestro a ese estado, pero el problema quedó resuelto poco más tarde, cuando en 1955 un contrato con el sello Riverside facilitó que grabase nuevo material capaz de provocar otra vez la admiración hacia su controvertido genio. El productor, Orrin Keepnews, había llamado a Monk para que grabase un disco con temas de Duke Ellington, pero la publicación del imprescindible *Brilliant Corners* en 1956 aceleraría su proyección definitiva hacia el reconocimiento como maestro del jazz. Un contrato para tocar en el Five Spot, uno de los clubes más conocidos del neoyorquino Greewich Village, le aportaría la posibilidad de tocar junto al saxofonista tenor John Coltrane, con quien grabaría algunas de las sesiones más intensas del jazz de aquellos años. Aquellas noches en las que el club acogió a ambos talentos tocando juntos obligarían, en más de una ocasión, a colgar el cartel de «completo» ante la masiva afluencia de público.

A finales de los años sesenta Thelonious Monk contó en sus diferentes grupos con grandes instrumentistas como el saxofonista Johnny Griffin o, el también saxofonista y perfecto partenaire, Charlie Rouse. En 1963 su fama era tal que la revista *Time* lo entrevistó y eligió su imagen para la portada, pero el inesperado asesinato del presidente Kennedy motivó un cambio de planes por parte de los editores que no fue bien acogido por algunos intelectuales de la comunidad afroamericana. Pasaría el principió de los años setenta recorriendo el mundo con la gira *Giants Of Jazz* y, pero no tardaría en tomar la decisión de retirarse. Pese a las etapas de miseria y olvido, el pianista vio como su carrera tomaba una dirección saludable. Artista dado a ocuparse de poca cosa más que de su propia música, gustaba de retornar a sus composiciones más conocidas para otorgarles nuevos aspectos y desarrollarlas en todas sus posibilidades. Sin duda la historia de la música salió beneficiada de un talento tan único y original como el suyo. Durante la década de los setenta pasó una larga temporada sin grabar y en un estado cercano al desinterés por casi todas las cosas. Se retiró definitivamente en 1971, después de grabar en Londres sus últimos discos a trío para el sello Black Lyon junto al batería Art Blakey y el contrabajista Al McGibbon, de esas sesiones también saldrían algunos cortes extraordinarios solo al piano. Murió en Jew Jersey el 17 de febrero de 1982, después de una década entera apartado de la música y sin ser consciente de que su obra iba a convertirse en uno de los tesoros más grandes que el jazz haya legado a la cultura de nuestra época.

10. quinteto del
hot club de france

quinteto del hot club de france

Sucede a veces que el encuentro de dos talentos desemboca en algo único, irrepetible, imperecedero e intemporal. El jazz, como cualquier otra de las manifestaciones del arte contemporáneo, no es ajeno al efecto que puede llegar a producir la suma de varias personalidades creadoras. En ocasiones, el encuentro de dos individualidades marcadas para trabajar juntas potencia el nacimiento de una música de grandeza equiparable, o incluso de más altura, a la lograda en solitario por cada uno de esos talentos. La música producida por el violinista Stephane Grappelli y el guitarrista Django Reinhardt definiría muy bien una situación de esas características y perfilaría además una forma de jazz con acentos reconociblemente europeos.

El encuentro de dos individualidades marcadas para trabajar juntas, potencia el nacimiento de una música de una extraordinaria grandeza. Este fue el caso del violinista Stephane Grappelli y el guitarrista Django Reinhardt.

Stephane Grapelli había venido a este mundo el 26 de enero de 1908 en el parisino barrio de Montmartre. Su padre, Ernesto Grappelli, un emigrante italiano de procedencia humilde se casaría con Ana, madre de Stephane, pero ella moriría pocos años después, quedando el chico a su único cuidado. La infancia del futuro violinista estuvo marcada por la pobreza provocada por la frecuente situación de desempleo de su padre. Este, sintiendo la necesidad de encontrar a alguien que se hiciese cargo del niño durante sus ausencias y, dando claras muestras de albergar ambiciones musicales para su hijo, terminó decantándose por una solución que actuaría como un factor de decisiva importancia en el futuro artístico de Stephane. La famosa bailarina Isadora Duncan había ubicado en la ciudad de Melon su escuela de danza y aceptó que el niño se instalase allí como aprendiz de bailarín. Durante su estancia en el centro, Grappelli tendría la oportunidad de contactar con el mundo de la cultura y el arte de forma directa y natural, pero no tardaría en verse de nuevo en la calle cuando la bailarina decidiese abandonar Francia para viajar a los Estados Unidos.

Un violín como regalo de aniversario

Parece que la forma en que pudo sobrevivir durante ese período estaba basada en trucos y habilidades de todo tipo, llegando a robar arcilla de edificios en construcción para luego venderla a diversos artistas entre los que se encontraba Pablo Picasso. De nuevo en Montmartre con su padre y con la Primera Guerra Mundial terminada, recibiría un violín como regalo de aniversario el día que cumplía trece años. La aventura de convertirse en joven músico callejero acababa de instalarse en la vida de Stephane, que no tardaría en aprender a tocar el instrumento con soltura e interpretar piezas a cambio de miserables cantidades de dinero en un restaurante del barrio. Poco más tarde se convertiría en pianista de acompañamiento en el Cine Gaumont, obteniendo resultados seguramente aceptables por la base que había adquirido practicando con el violín. La afición por el jazz no tardaría en adueñarse de él, sucedería después de que tuviese ocasión de escuchar a los Mitchell Jazz Kings, y ese descubrimiento lo convertiría en visitante asiduo de los locales parisinos donde esa música podía escucharse en directo. Poco después, ya con dieciocho años aproximadamente, escucharía por primera vez a Joe Venuti, uno de los pioneros del violín en el jazz. Venuti, aunque era solo unos pocos años mayor que él, ya contaba con una gran fama en los Estados Unidos. El violinista americano fascinó a Grappelli por su sentido del swing y su forma de ejecutar las melodías, y el muchacho no se detuvo hasta convencerse de que él también podía llegar a tocar de aquella manera.

En sus inicios como músico profesional también fue pianista. Había conseguido un puesto con un grupo llamado Grégor et ses Grégoriens, y fue el propio líder de la banda quien más adelante le sugirió que se encargase del violín. Era el inicio de la década de los treinta y un importante hecho estaba a punto de suceder en la vida del violinista, el encuentro con Django Reinhardt un guitarrista belga. Reinhardt, gitano manouche cuya familia viajaba en carromatos ofreciendo espectáculos de variedades, había nacido el 23 de enero de 1910 bajo el nombre de Jean Baptiste, aunque todos le conocían por el pseudónimo Django.

Django Reindhardt era un gitano manouche, cuya familia viajaba en carromatos ofreciendo espectáculos de variedades.

Django empezó a tocar la guitarra hasta convertirse en un virtuoso, lo cual le valió la admiración de la intelectualidad parisina. En la fotografía, Django Reinhardt junto a Edith Piaf.

Siendo todavía un niño, su familia se estableció en uno de los campos de gitanos de la periferia de París. Se dice que a esa edad Django ya tocaba el banjo en bailes populares y que su habilidad dejaba sorprendidos a quienes lo escuchaban, tenía entre los gitanos una cierta fama de niño prodigio que era capaz de hacer cosas increíbles con el instrumento, a pesar de no haber tenido ninguna formación académica como músico. Esta reputación creció hasta el punto de llevarle a grabar en 1928 un primer disco acompañando a la cantante Poulette Castro y al también guitarrista (y posible maestro de Reinhardt) Gusti Malha. Pero un trágico suceso pondría ese mismo año en peligro su destino como músico. A principios de noviembre, tras regresar de actuar en un local llamado La Java, creyó escuchar el ruido producido por un ratón en el interior de su carromato. Al intentar capturar al animal provocó que el candil encendido que utilizaba para alumbrarse terminase incendiando totalmente el vehiculo y quedó gravemente afectado por las heridas. Su pierna sufrió graves daños, pero lo peor para él sería que los dedos, corazón y meñique, de su mano izquierda quedaron absolutamente inutilizados para tocar la guitarra. Cuando ya en el hospital los médicos vieron que la amputación de ambos dedos era necesaria, los miembros de su familia le sacaron de allí con la intención de curarle con métodos más vinculados a su tradición. Después de muchos meses al cuidado de su madre, Django empezó a tocar la guitarra hasta convertirse en un virtuoso a pesar de su evidente deficiencia física. Esa técnica, basada en un punteo de gran agilidad, con algunos pasajes tocados en octavas y utilizando la base del pulgar para hacer la segunda línea, le otorgaría un estilo único, convirtiéndole en el primer músico europeo capaz de dejar su influencia en el jazz americano. Su singularidad como instrumentista, ya evidente en los años precedentes a la formación junto a Grappelli del Quinteto Hot Club de France, le valió la admiración de la intelectualidad parisina, desde Jean Cocteau a Pablo Picasso y otros representantes del espíritu vanguardista de las artes en aquel momento.

Admirador de Louis Armstrong

Stephane Grappelli y Django Reindhardt se conocieron en 1929. Mantuvieron contactos frecuentes desde el principio, tocando juntos asiduamente y comenzando a desarrollar ideas que hacían evidente la buena química que existía entre ambos. Por esa época el violinista también estaba dando forma a un personal estilo que parecía encajar perfectamente con las propuestas guitarrísticas de su amigo. Ahora Grappelli era mucho más que un imitador de Joe Venuti y buscaba otras formas de expresarse a través del instrumento. Admiraba profundamente a Louis Armstrong, intentando a veces trasladar al violín las proezas que el norteamericano era capaz de realizar con la trompeta. Alejarse de Venuti, uno de los poquísimos referentes del violín en los inicios del jazz, obligaba a que la evolución de Grappelli fuese como un destino al que ningún mapa le indicaba como llegar. Ese aspecto terminaría ayudando a que su estilo fuese único, personal y dotado de una clara individualidad. Por aquellos años la oportunidad de tocar junto a Django se le presentaba con frecuencia, aunque ambos trabajaban colaborando con diversos grupos. Finalmente un local, el Claridges, acogió a los dos músicos en la misma orquesta y esa situación propició el inminente nacimiento del Quinteto Hot Club de France. Una noche, Joseph, hermano de Django, apareció en el club y terminó acompañándolos a la guitarra rítmica. La experiencia dio muy buenos resultados y Pierre Nourry, un gran aficionado al jazz, les sugirió que formaran un grupo y diesen un concierto al que tuvo el acierto de invitar a algunas de las personalidades de la crítica del momento, incluyendo a dos de las grandes firmas nacionales: Hugues Panassié y Charles Delaunay. Aquel concierto terminaría impresionando a todo el mundo y el grupo sería en adelante conocido como el Quinteto del Hot Club de France (una forma de asociarlo a la añeja agrupación gala de aficionados al jazz). Más tarde se sumarían Roger Chaput a la guitarra y Louis Vola al bajo. Pronto realizaron sus primeras sesiones de grabación como acompañantes del cantante Bert Marshall, pero dos compañías importantes como Odeon y Pathé Marconi rechazaron el master por considerarlo demasiado atrevido. La suerte quiso que finalmente Jean Caldariou, responsable de un pequeño sello discográfico independiente llamado Ultraphone, decidiese apostar de forma entusiasta por el nuevo grupo.

La primera grabación del quinteto

El otoño de 1934 vería la primera grabación del quinteto como tal, libres de acompañar a solistas ajenos a su estética y preparados para ofrecer el sonido que les haría pasar a la historia. Todo estaba preparado en un hangar perteneciente a la estación de Montparnasse. Los temas escogidos eran «Tiger Rag», «Lady Be Good», «Dinah» y «I Saw The

El Quinteto Hot
Club de France
en 1934.

Stars». Un concierto realizado poco después en la École Normale de
Musique supondría para el grupo un éxito sin precedentes. El grupo
estaba calando hondo entre la afición francesa, y el hecho de que los
personajes más variopintos de la bohemia y la intelectualidad de aquella
primera mitad del siglo XX elogiasen su música, ayudaba a consolidar un
prestigio que, aunque todavía emergente por aquellos días, terminaría
por convertirse en un reconocimiento a nivel mundial. El Quinteto del
Hot Club de France estaba propiciando en Francia, y a por extensión
en Europa, algo que comenzaba a ser necesario; un jazz que aunque
naciese de la gran influencia americana, mostrase aspectos de identidad
europea. Lleno de swing y con la improvisación como base fundamental, la música del grupo era ofrecida en un acentuado tono de refinamiento, con todo el encanto que la tradición gitana de Django otorgaba
al sonido general. Era algo diferente, nuevo y geográficamente distante
a los focos desde donde brillaba el jazz más conocido. Europa comenzaba a saber cómo sonaba la voz de su propio jazz.

Django era ya todo un referente y los músicos americanos que pasaban por París deseaban conocerle, el propio Louis Armstrong mostró
el deseo de que se lo presentasen cuando visitó la capital francesa, y
otros muchos jazzmen no cesaron en su empeño de conseguir conocer
al genial guitarrista. Algunos de esos músicos llegaron a grabar con el

De izquierda a derecha, Al Sears, Shelton Hemphill, Junior Raglin, Django Reinhardt, Lawrence Brown, Harry Carney y Johnny Hodges disfrutando de un descanso.

guitarrista aprovechando sus visitas a la ciudad. Charles Delaunay acaba de poner en marcha su propio sello discográfico, una compañía llamada Swing dedicada exclusivamente a las grabaciones de jazz, y sabiamente dispuesta a propiciar reuniones de músicos franceses y americanos en el estudio de grabación. Coleman Hawkins y Benny Carter registrarían junto a Django los cortes que dieron forma al primer material editado por el recién creado sello. El guitarrista se mostraba satisfecho de desarrollar toda esa actividad en paralelo a su función en el seno del Quinteto del Hot Club de France. Josdeph Reindhardt y Roger Chaput habían sido substituidos por Ninine Vées y Baro Ferré, y el grupo mantenía su éxito sin que nada lo pusiera en peligro. La costumbre eventual de Django de protagonizar escapadas sin previo aviso, motivó que de alguna manera Grappelli asumiese el papel de vigilante de su compañero, llegando incluso a tener el derecho legal de representarle para firmar los contratos como persona responsable del grupo. Venían de dos entornos diferentes. Django representaba al gitano libre, poco dado a adaptarse a las normas de la sociedad. Grappelli, en cambio, era una persona educada y de modales refinados, miembro responsable y formal de un grupo en el que la anarquía había llegado a motivar alguna pequeña catástrofe. Pero el camino estaba trazado y el quinteto siguió sin problemas, a veces actuando por su cuenta y otras grabando junto a solistas extranjeros para el sello de Delaunay. Cuando el empresario británico, Lew Grade, los escuchó durante una visita a Francia decidió ofrecerles una gira por Gran Bretaña que se desarrolló sin problemas, era el prólogo a un acontecimiento de suma importancia que no tardaría en producirse. En 1939 se contrató al Quinteto del Hot Club de France para actuar junto al gran pianista y director norteamericano Duke Ellington. Parece que había la posibilidad que el empresario Irving Mills pudiese escucharlos durante esa actuación, el grupo deseaba evidentemente que se les llamase para actuar en los Estados Unidos, pero los estruendos de los cañones de la Segunda Guerra Mundial ya sonaban cerca de Francia y esos planes deberían ser postergados.

El estallido de la guerra cogió a Django y Grappelli en Londres. El guitarrista tomó la decisión de regresar a casa y su amigo optó por permanecer en la capital británica. Durante los años en que las tropas alemanas ocuparon Francia, Django Reinhardt se convirtió en una verdadera sensación de la música. La falta de grandes del jazz americano en el país le elevaron a la categoría de estrella. En ese período el Quinteto del Hot Club seguiría activo, aunque la ausencia de Grappelli sería suplida por el clarinetista Hubert Rostaing. Esa versión renovada del quinteto grabaría en 1940 el tema «Nuages», que pronto se convertiría en un grandioso éxito de ventas. Su fama era tal que los nazis, a pesar de haber dictado severas leyes prohibiendo el jazz y la música sincopada, no tardaron en manifestar sus deseos de llevar al grupo a actuar a Berlín ante sus máximos mandatarios. Django, quizás asustado por su condición de gitano, busco refugio en Suiza, pero el país lo rechazó por un absurdo vacío legal: admitían refugiados negros y judíos, pero en ningún lugar estaba escrito que pudiesen acoger a los gitanos. Mientras Grappelli seguía en Inglaterra, el guitarrista recorría la geografía francesa realizando conciertos de diversa índole, a veces acompañado por el quinteto y otras, ya finalizada la guerra, como invitado de formaciones americanas.

Reencuentro en Londres

En Londres las cosas habían sido algo más fáciles para Grappelli. Durante las duras noches en que los bombarderos alemanes castigaban la ciudad, el músico francés dirigía la orquesta de un restaurante de Picadilly y comenzaba a relacionarse con un extraordinario pianista ciego llamado George Shearing con el que llegaría a tocar de forma habitual. El final de la contienda llevó a Django a reencontrarse de nuevo con su amigo en Londres. Hacía cinco años que no se veían y la emoción embargó a ambos hasta el punto de dejarlos mudos. Para romper aquella situación Grappelli tomó su violín e interpretó: «La Marsellesa». Su amigo se unió inmediatamente a él y el viejo himno francés ganó una dimensión hasta entonces impensable. No tardaron en volver a grabar juntos, esta vez en los famosos estudios Abbey Road. El tema escogido no era otro que «La Marsellesa» interpretada a ritmo de swing.

La siguiente etapa estuvo marcado por la separación entre ambos músicos, una situación que también afectaría al quinteto del Hot Club de Francia. Django, ahora mucho más interesado en la pintura que en la música, emigró a los Estados Unidos, donde Duke Ellington había organizado su presentación en sociedad en el Carnegie Hall de Nueva York. Hicieron una gira juntos y el guitarrista aprovechó también su estancia para tocar con otros músicos de aquel país. Cuando finalmente regresó a Europa un profundo cambió se había apoderado de él. La pasión por la música se estaba esfumando de sus intereses y la

Durante los años en que las tropas alemanas ocuparon Francia, el Quinteto del Hot Club seguiría activo, aunque la ausencia de Grappelli sería suplida por el clarinetista Hubert Rostaing.

pintura ocupa ahora el centro de su atención. A pesar de ello continuo como miembro del quinteto, estando presente en el último y exitoso concierto en la sala Pleyel de París. Se retiró al iniciarse la década de los cincuenta y murió de un ataque al corazón el 16 de mayo de 1953. Los años de Stephane Grappelli tras la disolución del Quinteto del Hot Club de France fueron gloriosos. Supo mantener su posición de estrella del jazz europeo y llegó a grabar con los mejores músicos de jazz internacionales. Durante los años sesenta y setenta formó un magnífico dúo junto al violinista clásico Yehundi Menuhim, y juntos legaron algunos episodios sonoros de incuestionable altura. Los escenarios más importantes del mundo ofrecieron el arte de este virtuoso del violín hasta el último momento. Grappelli, muy anciano pero con sus cualidades como instrumentista intactas, parecía disfrutar ofreciendo su gran arte al público desde escenarios repartidos por todo el planeta. Murió en París el 1 de diciembre de 1997 a los 89 años de edad.

11. miles davis

miles davis

Miles Davis fue criado en el ambiente de la pequeña burguesía afro-americana. Había nacido en St. Louis el 26 de mayo de 1926, hijo de un dentista cuya consulta aseguraba a la familia una situación de comodidad y bienestar. Este hecho aportaría al futuro trompetista una infancia muy diferente a la de otros músicos por los que sintió gran admiración como: Louis Armstrong o Charlie Parker. Creció en esa ciudad y en ella pudo acceder tanto a una buena educación como a sus primeros contactos con el arte que terminaría llenando su vida. Antes de mostrar una clara inclinación por la música, sus intereses se centraron en el mundo del deporte, sintiendo una especial predilección por el boxeo. Ya desde pequeño, Miles mostraría síntomas de tener un carácter marcadamente independiente. Esto lo llevaría a buscar pequeños empleos eventuales, como el de vendedor de periódicos, para poder cubrir sus propios gastos sin depender de la economía familiar. Su madre, una mujer sensible y profundamente comprometida con la lucha por la igualdad de derechos, siempre cuidó del joven Miles e incluso estimuló su amor por la música.

Su padre tendría el mérito de educarle para sobrevivir en una sociedad claramente dominada por los blancos. El posicionamiento frente a los problemas raciales aparecería pronto en la personalidad de Miles, y se afianzaría en los rasgos de un carácter que a lo largo de su vida le mostraría como alguien controvertido respecto a las cuestiones de la raza. Aunque su madre albergaba el deseo de que dedicase al violín, el chico debió de esgrimir muy bien sus argumentos para convencerla de que la trompeta era su primera elección. Elwood Buchanan, un amigo

Ya de muy joven, Miles Davis se sintió fascinado por el ambiente del jazz, y la excéntrica comunidad de artistas y escritores que en aquellos días reinaba en el Village.

de su padre, no tardaría en convertirse en su primer profesor de música. Buchanan pronto sería substituido por Joe Gustat, que contaba con el puesto de primer trompetista en la Orquesta Sinfónica de St. Louis. Pero Miles, siempre ansioso de adentrarse como explorador en territorios a los que no podía acceder durante las clases, iba a dedicar largas horas a experimentar por su cuenta con el instrumento.

Su primer encuentro con el jazz tendría lugar en la orquesta del instituto, donde obtendría un puesto como trompetista que le permitió familiarizarse con la música de su gente y muy especialmente con la de Count Basie, músico al que la orquesta escolar con frecuencia intentaba imitar. Los testimonios de esos años son claros al afirmar que se trataba de un chico dotado para tocar, capaz de avanzar con bastante rapidez en el dominio del instrumento y salir victorioso de algunas partituras complejas. Fue su maestro, Elwood Buchanan, quien le presentó al reputado trompetista Clark Terry que quedó bastante impresionado por las habilidades del aprendiz de músico de jazz. Cuando en 1942 la Segunda Guerra Mundial alcanzó a Terry y fue llamado a filas, Miles ocupó su puesto en diversos grupos de la ciudad, relacionándose con algunos importantes músicos de jazz como el contrabajista Jimmy Blanton, el pianista Duke Brooks o el saxofonista Sonny Stitt. De este último le llegaría la propuesta de viajar a Nueva York para unirse a la banda de Tiny Bradshaw, pero Miles era un menor y sus padres no le iban a permitir levantar el vuelo tan fácilmente. Debería olvidarse de sus deseos y permanecer como miembro activo de la escena local hasta que terminase sus estudios.

La primera gran oportunidad

Todavía no había llegado a la mayoría de edad y ya contaba con propuestas de diversos grupos para unirse a ellos como trompetista. Para acceder a su primera gran oportunidad debería esperar a 1944, cuando el hecho de haber completado sus estudios ayudó a que sus padres mostrasen una actitud más abierta respecto a sus deseos. El director de orquesta Billy Eckstine necesitaba un trompetista substituto para trabajar durante dos semanas y se había pensado en él. No se trataba de una orquesta cualquiera, en ella estaban algunos de los músicos jóvenes más destacados del momento, Parker y Gillespie; los mismos que poco tiempo después serían los protagonistas de la revolución del bebop. Miles, en sus memorias, nos relata este momento como el más intenso de su vida: «Cuando oí a Diz y Bird tocar en la banda de B me dije: ¿Qué? ¡Qué es esto! Tío, la parida era tan fuerte que asutaba. Figurate, Dizzy Gillespie, Charlie 'Yardbird' Parker, Buddy Anderson, Gene Ammons, Lucky Thompson y Art Blakey reunidos en la misma banda. De puta madre, tú, aquella santa mierda, tío, me inundó el cuerpo: la música inundándome el cuerpo, precisamente la música que quería oír. Algo grande. Y yo allá arriba tocando con ellos». En esa época Miles había tenido la oportunidad de escuchar a Bird y Gillespie, y pensaba que el camino que ellos estaban tomando iba en su misma dirección. Cuando su breve período de trabajo con Eckstine llegó a su fin, la idea de ir a Nueva York a reunirse nuevamente con aquellos dos músicos, se convirtió en una obsesión para él. Soñaba con eso y necesitaba encontrar la forma de hacer su sueño realidad. Su estrategia para conseguirlo sería convencer a su padre de que lo inscribiera en la Juillard School, una de las instituciones de enseñanza musical más prestigiosas de los Estados Unidos. Una vez en Nueva York iniciaría el peregrinaje para encontrar a sus nuevos y admirados amigos.

Era septiembre de 1944 y el bebop comenzaba a latir con fuerza en los clubes de Manhattan. Miles recuerda que, debido al final de la Segunda Guerra Mundial, la ciudad estaba llena de soldados con uniforme. Su primera semana en Nueva York la pasó buscando a Dizzy y Bird por los clubes, acudió a todos los lugares donde intuyó que podía dar con ellos y terminó gastándose todo su dinero. Finalmente consiguió localizar a Gillespie, pero este no tenía ni idea de dónde podía estar su amigo. Miles obsesionado con la idea de tocar con Bird siguió con su peregrinaje por clubes, desde Harlem a la calle 52 o el Greenwich Village. Algunas de las personas a las que preguntó, entre ellas el propio Coleman Hawkins, le dijeron que era demasiado joven para relacionarse con gente como Charlie Parker, que lo mejor que podía hacer era dejar de buscarle y concentrarse en sus estudios en Juillard. Pero Miles seguiría con su empeño, recorriendo los escenarios de la bohemia neoyorquina, acechando el interior de los clubes desde la puerta de entrada. Se sintió fascinado por el ambiente del jazz, y la excéntrica comunidad de artistas y escritores que en aquellos días reinaba en el Village, barrio al que acudió porque alguien le indicó que la persona a la que buscaba solía frecuentarlo. Finalmente, después de acceder al interior del club Heatwave y pasar casi toda la noche con la mirada atenta a la puerta por si Bird aparecía, decidió salir a tomar el aire y en la calle se encontró con el saxofonista que en ese momento llegaba al local. Entraron juntos en el Heatwave y desde ese momento, solo por el hecho de acompañar al admirado músico, todo el mundo comenzó a tratar al joven trompetista con afecto y respeto. Miles estaba fascinado por la forma de tocar de su amigo. Cuando Bird llevaba la embocadura del saxo hasta su boca todo cambiaba, la música se transformaba y el sonido adquiría una nueva dimensión. Necesitaba formar parte de aquella modernidad, vivir en la consciencia de que podía ser una de las piezas del engranaje que es-

taba provocando interesantes mutaciones en el seno del jazz. La noche
en que finalmente tropezó con su ídolo, este se hallaba en un estado de
embriaguez considerable, pero fue amable con él y lo acogió como si
fuera su gran amigo.

Por su parte, Dizzy Gillespie, cuyo estilo y virtuosismo afectaban
más a Miles por tratarse de un trompetista, dio al recién llegado unos
cuantos consejos entre los que figuraba el de visitar al pianista, Thelonious Monk, para completar su formación y adentrarse en el dominio
del espacio musical. Si la utilización del silencio en la obra de Monk
fue algo importante que haría de su estilo algo reconocible, también
se convertiría en un elemento de peso en el arte de Miles Davis. En
aquellos días esos aspectos tenían mucho de novedoso, de consciencia
de transformación en incluso de transgresión. Había que transformar la
música, y Miles lo haría en varias ocasiones a lo largo de su carrera.

En el ambiente de Nueva York

Estaba finalmente en Nueva York y se movía en el mismo ambiente
que los mejores músicos de jazz del momento. Su amistad con Dizzy
Gillespie y Charlie Parker acabaría por facilitarle un puesto entre los
impulsores del bebop. Además, trabajaba esporádicamente con músicos
importantes como Coleman Hawkins o Eddie «Lockhaw» Davis. Todo
ello iría asentando las bases de su oficio para, más tarde, convertirlo
en uno de los músicos y creadores imprescindibles de la historia del
jazz. Meses después, Parker lo llamaría para formar parte de sus Rebo-
ppers, un grupo en el que, además de Bird al saxo alto, se contaba con
el batería Max Roach, el contrabajista Curley Russell y el pianista Sadik
Hakim. Con esta formación Miles grabaría varios temas, dos de ellos,
«Billie's Bounce» y «Now's The Time», siguen siendo hoy considerados como muestras definitorias del estilo bebop, Aunque el trompetista
no lo tuvo fácil, su falta de experiencia y evidente nerviosismo motiva-
ron que se llamase a Dizzy Gillespie para suplir los fallos del inexperto

Charlie Parker y Miles Davis
tocando juntos en Nueva York.

músico. Pero esta primera incursión en el estudio de grabación junto a
los ases del nuevo jazz ayudaría a consolidar su prestigio, y convertirlo
en un músico solicitado de la escena en los años cuarenta. Charles Mingus y Benny Carter no tardarían en reclamar sus servicios, y llegó a actuar con ellos en diversas partes del país hasta su regreso a Nueva York
en 1947 para reunirse nuevamente con Parker. Miles, ahora mucho más
seguro de sí mismo en el dominio de la trompeta, no solo sorprendería
por su soltura en las actuaciones del club Three Deuces, también se
atrevería a protagonizar una primera sesión de grabación en la que él
era el líder. Parker y Roach lo acompañarían, además del contrabajista
Nelson Boyd y el pianista John Lewis. Las sesiones produjeron un puñado de temas de considerable calidad. «Half Nelson» y «Milestones»
quedarían para siempre entre los títulos antológicos aparecidos durante
su carrera.

Los músicos que en aquellos días buscaban un sonido moderno pero
alternativo al bebop, veían en la figura del arreglista Gil Evans a alguien
capaz de desarrollar nuevas ideas y sonoridades. Miles lo conoció y no

tardó en frecuentarlo. Su trabajo le interesaba enormemente y su mente comenzó a pensar en cuáles, entre las aportaciones de Evans, podían serle de utilidad para las nuevas ideas musicales que circulaban por su cabeza. De momento pocas cosas habían cambiado, seguía trabajando junto a Charlie Parker y el bebop era la música que le daba experiencia y sustento. Pero en 1948 decidió dar un paso que transformo, en parte, el mundo del jazz. Todo empezó en un concierto en el que Miles debía actuar junto a algunos de los mejores miembros de la escena de entonces: Lee Konitz, Gerry Mulligam, John Lewis, Al McKibbon, Ted Kelly, Junior Collins, John Barber y Max Roach. La música contaba con los arreglos de Gil Evans, que en el verano de 1948 había dejado de trabajar para Claude Thornhill para iniciar su colaboración con Davis. El trompetista pensaba que Evans era alguien que reunía las condiciones óptimas para propiciar un contexto en donde pudiese tocar sus solos a su manera, alejándose de lo que hasta entonces había sido una incursión en la trompeta bebop fuertemente influenciada por el estilo de Dizzy Gillespie. Juntos conversaron sobre la sutileza en las formas de expresión y sobre la identidad propia de la música de Miles, más lenta y menos intensa que la de Bird. El saxofonista barítono Gerry Mulligam se unió a aquellas charlas y pronto la idea de consolidar el noneto comenzó a tomar forma.

Un disco mítico

Al principio Miles pensó en Sonny Stitt para hacerse cargo del alto, pero su estilo era muy cercano al de Parker. Mulligam surgirió a Lee Konitz por la ligereza de su sonido. Aquella idea, que en realidad había comenzado como una especie de experimento, terminaría dando forma a un disco mítico e indispensable: *Birth Of The Cool*. Un disco repleto de conceptos sorprendentes e innovadores, su sonido era suave y envolvente y todos los temas interpretados contaban con los arreglos de Gil Evans. Diferentes músicos participaron en la grabación de un disco

pensado para noneto, pero que terminaría alternando instrumentistas
según las sesiones. Además de Miles a la trompeta, Kai Winding y J.
J. Johnson se encargaron de los trombones, Junior Collins, Gunther
Schuller y Sabdy Siegelstein de la trompa francesa, John Barber de la
tuba, Lee Konitz del saxo alto, Gerry Mulligam del saxo barítono, Al
Haig y John Lewis del piano, Joe Shulman, Al Mckibbon y Nelson
Boyd del contrabajo y Max Roach de la batería. Las sesiones de grabación tuvieron lugar los días 21 y 22 de abril de 1949, pero su última
visita al estudio fue el 9 de marzo de 1950. Miles definió aquel sonido
como Soft Sound y *Birth Of The Cool* terminaría siendo más que un título de un disco, ya que muchos quisieron ver en la música que contenía
el verdadero nacimiento del estilo cool. Esta forma mostraba una opo-
sición al frenético nerviosismo del bebop y llegaría a suponer una de las
grandes influencias para la comunidad de músicos de jazz de la Costa
Oeste, desde Dave Brubeck o Stan Getz a Chet Baker u otros músicos
importantes bebieron de ese sonido para crear un estilo no solo geomé-
tricamente distante del nucleo de Nueva York, sino también alejado de
sus planteamientos más viscerales. Ese estilo se llamaría West Coast y
contaría con un numeroso grupo de seguidores entre los músicos de la
época. *Birth Of The Cool* sirvió también, aunque solo en cierta medida,
para poner en marcha el tándem Miles Davis-Gil Evans, que no tardaría en volver a sorprender con nuevas obras y conceptos fascinantes.
Editado por la compañía Capitol, la historia terminaría hablando del
grupo que lo hizo posible como del Noneto Capitol, aunque leyendo
los créditos no cuesta ver que algunos instrumentos contaron con diferentes ejecutantes y por tanto sería imposible concentrar los méritos en
un grupo de solo nueve instrumentistas.

Poco después de dejar lista la primera de sus grandes obras transfor-
madoras, Miles Davis se marchó a París con el pianista Tadd Dameron.
Como ya era habitual, el público francés brindaría una calurosa acogida
a un nuevo y prometedor músico de jazz que llegaba abalado por sus
grabaciones y experiencias con el ya entronado Charlie Parker. En la
capital francesa se enamoraría profundamente de la cantante Juliette
Gréco, una relación imposible en cuyo fatal desenlace se ha querido ver

Miles Davis y Gil Evans en Columbia Records en 1957.

el inició de la adicción de Miles a la heroína. El grupo, con Miles a la
trompeta, Dameron en el piano, James Moody en el saxo, un contrabajista francés llamado Pierre Michelot y Kenny Clarke, que se quedaría
a vivir en Francia, en la batería, fue la sensación del Festival de Jazz de
París. En la ciudad Miles tuvo la ocasión de relacionarse con artistas e
intelectuales como Pablo Picasso y Jean Paul Sartre. Conoció a Juliette
Gréco durante un ensayo al que ella acudió para escuchar al grupo, y
Miles no tenía ni idea de que en aquellos momentos era una cantante
muy conocida en su país.

Cuando finalmente se encontraron parece que ella le dijo a Miles
que los hombres no le gustaban, pero sí le gustaba él. Fue el inicio de
una relación muy intensa que terminaría cuando Miles, a pesar de estar
profundamente enamorado, decidió que debía regresar a los Estados
Unidos. Durante la temporada siguiente las cosas no iban a ser fáciles para el trompetista. Había abusado de las drogas y eso terminaría
por debilitarle. En ese estado vería como el trabajo ya no le llegaba tan

fácilmente como antes, y la necesidad de sobrevivir lo llevaría incluso
a ejercer ocasionalmente como proxeneta. No era difícil verle por las
calles de Nueva York en busca de traficantes de drogas, su situación era
angustiante, y sus pocas horas de trabajo se veían reducidas a colaboraciones con músicos de gran envergadura, grandes jazzmen de entonces
como: Sonny Rollins, Stan Getz o Bud Powell. Es el momento en que
los trompetistas Chet Baker y Clifford Brown aparecen en la escena del
jazz, y Miles se da cuenta que le han surgido importantes competidores
a los que el público le comparará irremediablemente.

Los consejos de Sugar Ray Robinson

Las opiniones que Miles Davis tenía respecto a estos dos jóvenes talentos eran muy diferentes. Pensaba que Brown era alguien grande,
un trompetista que sobrepasaba en mucho a sus compañeros de generación. Su comentarios sobre Baker jamás tuvieron matices positivos,
llegó a afirmar que no estaba al nivel de un buen músico y que simplemente intentaba sonar como él. Por otra parte, le molestó profundamente que la irrupción de estos jóvenes instrumentistas provocara que
la crítica comenzase a tratarle como a uno de los viejos. Estaba gravemente enganchado a la heroína y pensó que el boxeo podía resultarle
de utilidad para abandonar el hábito. Decidió dar ese paso buscando
la ayuda de un conocido entrenador, pero este se la negó por su condición de drogadicto. El ejemplo de otro boxeador, Sugar Ray Robinson,
le sería de gran utilidad para reemprender su carrera como músico y
luchar contra su adicción. Robinson, a pesar de llevar una vida alegre
y tener fama de mujeriego, era un hombre que sabía como mantener
una disciplina estricta en lo que concernía a su actividad deportiva. Miles, que siempre había sentido una profunda admiración por él, pensó
que si él podía hacer lo mismo salvaría su vida y su carrera. Sus abusos
con las drogas habían sido la causa de que sus relaciones con los demás
se deteriorasen con frecuencia. Había intentado desengancharse hacia

Miles Davis y Juliette Gréco
en 1950.

finales de 1953, cuando se aisló por unos días en la granja de su padre.
Quería continuar trabajando libre de la esclavitud de la heroína pero el
camino para liberarse implicaba el descenso al infierno.

Su carrera volvió a tomar el rumbo adecuado dos años más tarde y
consiguió reunir un quinteto que quedaría entre los mejores de la historia del jazz. El grupo estaba formado por Philly Joe Jones en la batería,
Paul Chambers en el contrabajo, Red Garland en el piano y a un joven
y muy prometedor saxofonista llamado John Coltrane (que se contrató
para substituir a Sonny Rollins que fue el primero en obtener el puesto). Era el marco perfecto para desarrollar las nuevas ideas de Miles
Davis, un ambiente musical en donde el trompetista trabajaría a gusto
sus planteamientos del momento y donde las aportaciones del muy innovador Coltrane comenzarían una andadura que luego culminaría en
su propia carrera en solitario. El bebop ya era historia y el movimiento que ahora imperaba en la escena del jazz fue llamado hard bop. El
quinteto de Miles iría en esa dirección, aunque manteniendo siempre
un grado de singularidad y personalidad propias que lo convertirían en
único por encima de cualquier definición estilística. El jazz había evolucionado hacia estructuras más atrevidas y desarrollos solistas mucho

más extensos. Una parte de ese cambio vino motivado por la aparición en los años cincuenta de los long plays de 33 revoluciones por minuto. Este soporte fonográfico substituía a los viejos discos de 78 revoluciones que habían sido el único medio disponible para los boppers de la primera época. La limitación de los cortes a poco más de dos minutos afectaba al espacio temporal del que podían disponer los solistas pero ahora, con ese problema ya resuelto, el minutaje de los temas grabados y la extensión de los solos podían dilatarse para dar como resultado un jazz de largo desarrollo, cuya esencia negra se hacía evidente en la voluntad de muchos músicos de recuperar para el nuevo estilo, en clave de absoluta modernidad, formas muy arraigadas de la tradición sonora afroamericana. Como nombre de un estilo, el hard bop fue más allá que sus antecesores y englobó bastantes subestilos que convivieron durante años en la escena del jazz. Algunos ejemplos sería el Third Stream, corriente que pretendía la fusión con la música clásica y que acogió desde formaciones como el Modern Jazz Quartet a individualidades como Chico Hamilton, el Cool o el West Coast practicado por los músicos del Oeste.

El nuevo quinteto de Miles permanecería unido durante una considerable cantidad de tiempo. Eso, como es lógico, le reportaría ventajas tan importantes como la perfecta cohesión entre los músicos y la consecución de un lenguaje con acentos totalmente propios, perfectamente definidos y matizados. Todo ello, en un estado de continua evolución que haría llegar a la formación a un perfección que no pasaría desapercibida para críticos y aficionados. Fue sin duda uno de los quintetos más conocidos del jazz, y escuchar su abundante legado discográfico sigue siendo uno de los grandes placeres de los amantes del género. En él, el innegable sello de modernidad se mantiene intacto, la impronta personal del trompetista, la elegancia de los planteamientos estéticos y la suma de los talentos de todos los músicos, suman en conjunto lo que se podría considerar como una de las más grandes aportaciones de Miles Davis al jazz, aunque curiosamente las intenciones de renovar o transgredir no fuesen tan evidentes en este capítulo de su carrera. Trabajando con el quinteto Miles comenzó a poner en práctica un sistema

El sonido libre y sin límites de Miles Davis ha hecho de este gran artista uno de los mejores intérpretes de jazz de la historia.

de trabajo que iba a seguir utilizando durante el resto de su vida. Se trataba de realizar los ensayos como si fuesen conciertos en directo, consiguiendo así el máximo grado de expresividad y libertad en las interpretaciones de sus músicos. Con el respaldo de discográficas importantes como Columbia o Prestige, el grupo iba a llegar a la cima, aunque sus éxitos estuvieran a veces ensombrecidos por el fantasma de la droga, que seguía acechando a algunos de los miembros del quinteto. Coltrane abandonaría temporalmente la formación en 1957 para someterse a una cura de desintoxicación y a su regreso, alternaría el trabajo junto a Davis con colaboraciones con el pianista Thelonious Monk. Juntos grabarían entre 1957 y 1958 *Thelonious Monk With John Coltrane*, un álbum que resume la belleza de ese encuentro y en donde el saxofonista se acopla sin problemas a la singular, y a veces bizarra, musicalidad de Monk. Desde la balada «Ruby My Dear» a cortes tan esencialmente monkianos como «Epistrophy» o «Trinkle Tinkle», el álbum deja fluir un discurso de inmensa riqueza, repleto de sonidos donde el universo de Monk encuentra un contraste amable y expresivamente eficaz en la fuerza del saxofonismo de Coltrane. El quinteto de Miles vería en estos tiempos ocasionales substituciones que no afectarían a su grandeza, pero el regreso de Coltrane como miembro estable contribuiría a la intensa música ya en sus últimos latidos como grupo. El concierto de 1960 en Estocolmo, editado como *Miles Davis & John Coltrane. Live In Stockhom*, se convertiría en un documento excepcional a la hora de atestiguar el potencial de su directo. El sonido libre y sin límites del Miles Davis Quintet había, seguramente, llegado a la cima de sus posibilidades. Ahora la mente del trompetista comenzaba a pensar en las posibilidades del sexteto.

Más cambios en la historia

Para el nuevo proyecto Coltrane compartiría el puesto de saxofonista con Julian «Cannonball» Adderley y la rítmica mantendría a Garland, Chamber y Philly Joe Jones. Esta sería la primera versión del sexteto, pero la formación iría viviendo cambios hasta quedar como más o menos definitiva. En el piano se sucederían Bill Evans y Wynton Kelly y el puesto de batería sería finalmente ocupado por Jimmy Cobb. Con este grupo Miles Davis provocaría de nuevo un profundo cambio en la historia del jazz. Si el disco *Birth Of The Cool* había hecho su efecto como alternativa al bebop, afectando a una serie de músicos que buscaban una dirección diferente, la aparición en 1959 de *Kind Of Blue*, supondría, además de la presentación formal del jazz modal, una innovación en toda regla cuya belleza perduraría hasta el punto de que hoy, ese disco, sigue siendo uno de los más vendidos de la historia del jazz. Al pianista Bill Evans se le atribuye haber aportado mayoritariamente la condición

El Miles Davis Quintet desarrolló el movimiento que en 1957 imperaba en la escena del jazz, el que fue llamado hard bop.

modal a la música del disco. Hasta hacía muy poco tiempo los desarrollos y solos se basaban en la tonalidad de los temas, pero esta innovación propició que la música pudiese evolucionar a partir de escalas o modos. A través de piezas como: «All Blues», «So What» o «Freddy Freeloader», el grupo conseguiría atrapar a los oyentes en atmósferas intensas y ambientes sonoros diversos. Los solos, evolucionando en libertad, contarían con hermosos desarrollos, y los solistas participarían de interesantes interactuaciones. *Kind Of Blue* marcaría también el distanciamiento de Miles Davis con algunos de los que habían sido sus colaboradores durante los años anteriores. Tanto «Cannonball» Adderley como John Coltrane pensaban en ese momento en concentrarse en sus propias carreras como líderes. La marcha de Coltrane se produciría en 1961, y Sonny Stitt y Hank Mobley serían llamados para reemplazar a Adderley. Miles, ahora disfrutando de la condición de estrella mundial, necesitaba conseguir nuevos instrumentistas para llevar a cabo sus proyectos de futuro, encontrar músicos de tanta altura como los que acababan de abandonarle no era una tarea sencilla. Gil Evans seguía cercano al trompetista y su presencia iba a afectar muy positivamente a los siguientes logros de Miles Davis.

El material incluido en los discos *Miles Ahead*, *Porgy And Bess*, *Sketches Of Spain* y *Quiet Nights* fue registrado durante dieciséis sesiones de grabación en estrecha colaboración con Gil Evans. Las sesiones se realizaron entre 1957 y 1962. Queda claro que durante los días del sexteto una relación de gran potencial creativo unía a ambos artistas. Estos proyectos, principalmente concebidos para grandes formaciones instrumentales, contaron con músicos conocidos de la esfera de Miles: Wynton Kelly, Lee Konitz, Paul Chambers, Jimmy Cobb, Hank Mobley, Cannonball Adderley, Coltrane y Elvin Jones, así como otros destacados miembros de la comunidad jazzística. Juntos fueron capaces de conseguir una sonoridad etérea y delicada, con resultados que podrían hacer pensar en un acercamiento del jazz a la clásica. Algo así solo podía conseguirse trabajando bajo una firme disciplina y una agenda de objetivos bien diseñada.

El incipiente free jazz y la llegada del rock

El contenido de esas obras no dispondría de demasiadas oportunidades de ser presentado en concierto, pero no dejaría de encontrar su lugar en la actualidad del jazz durante unos años en los que el hard bop y el incipiente free jazz eran los dueños absolutos de la escena. Se trataba del preludio a un nuevo capítulo en la trayectoria artística y profesional de Miles Davis, quien en 1962 formaría un nuevo quinteto y daría una orientación distinta a su obra. La elección de los miembros de este nuevo grupo pasaría por un meticuloso proceso de selección, siendo elegidos finalmente el pianista Herbie Hancock, el contrabajista Ron Carter, el saxofonista tenor George Coleman y un batería adolescente pero muy prometedor llamado Tony Williams. La llegada, un par de años después, de Wayne Shoter, para substituir a Coleman, consolida-

El álbum *E.S.P*, grabado en
1965, ofrece una clara idea de
la orientación del nuevo sonido
ofrecido por Miles Davis.

ría definitivamente el nuevo quinteto, y Davis llegó a estar convencido
de haber encontrado la gente necesaria para poner en práctica sus ideas
del momento. El álbum *E.S.P*, grabado en 1965, ofrece una clara idea
de la orientación del nuevo sonido, pero a finales de ese mismo año algunos problemas de salud mantendrían a Miles alejado del trabajo. Esa
situación iba a prolongarse hasta principios de 1967, cuando tras la grabación del disco *Miles Smiles*, el grupo invade el mercado con una sucesión de álbumes sorprendentes e innovadores como: *Sorcerer*, *Nefertiti*,
Water Babies, *Circle In The Round* y *Directions*. Parece que el trompetista se encontraba muy a gusto trabajando con esta banda, un proyecto
que se caracterizó por la intensa actividad en la grabación de discos.
Este hecho evidencia la fortaleza que en ese momento vivía Miles como
creador, así como su necesidad de dejar constancia de un material, que
una vez grabado, le permitía pasar página y ponerse en otra cosa. El
final de este fructífero período vendría determinado por obras como
Filles De Kilimanjaro o *Miles In The Sky*, para las cuales comenzaría a
utilizar músicos más eléctricos.

Poco tiempo antes había contratado a los guitarristas George Benson
y Joe Beck con la intención de acercarse a nuevas sonoridades. Algo
nuevo estaba tomando forma en su mente, y para que eso se desarrolla-

se totalmente llamaría al pianista Chick Corea y al contrabajista Miroslav Vitious que pronto sería substitido por Dave Holland. El camino de Miles Davis hacia el jazz eléctrico acababa de iniciarse y no tardaría en sorprender al mundo con sus primeras manifestaciones.

En 1968, el rock había desplazado totalmente al jazz del trono de la música popular. Jimi Hendrix era el héroe de los guitarristas negros y blancos del momento, y una avalancha de instrumentos electrónicos surgidos de los avances tecnológicos de los años sesenta estaba afectando profundamente a la música. Las nuevas posibilidades instrumentales incrementaban la tendencia de los músicos a la experimentación, y Miles sintió interés por grabar un disco en colaboración con Hendrix. Esta idea se iría demorando, y la muerte prematura del guitarrista, en 1970, obligaría a olvidarse definitivamente de algo que hubiese sido sin duda interesante. La fascinación que en ese momento sentía Miles por los sonidos electrónicos era más que evidente. Por otra parte, el arrollador éxito del rock estaba motivando el cierre de numerosos clubes de jazz y esa circunstancia debió también afectar a los nuevos planteamientos del músico. Fue el baterista Tony Williams quien le facilitó algunas grabaciones de bandas de rock del momento, y eso fue suficiente para que el deseo de mestizar los dos estilos se fortaleciera. El disco que surgiría de esas inquietudes se llamaría *In A Silent Way*, y para las sesiones de grabación se contaría con los teclados de Herbie Hancock, Chick Corea y Joe Zawinul, el contrabajo de Dave Holland, la batería de Tony Williams, los saxos de Wayne Shoter y la guitarra de un joven instrumentista británico llamado John McLaughlin. *In A Silent Way*, desde sus planteamientos eléctricos, fluye aportando atmósferas relajadas y casi oníricas, con un sonido envolvente que afecta directamente a las emociones de quien lo escucha. El grupo de músicos que lo grabaron era mixto y reunía a algunos de los mejores pioneros del jazz fusión de am-

La falta de nuevas ideas y su afición a las drogas apartaron a Davis de la escena musical durante un largo período al final de la década de los sesenta.

Miles Davis trabajó incansablemente en la búsqueda de nuevos sonidos hasta el último día de su vida. Falleció el 28 de septiembre de 1991.

bas razas. Con este proyecto Miles no solo se anticiparía al movimiento musical que se avecinaba en el seno del jazz, sino que también conciliaba su espíritu y su música con las inquietudes creativas reinantes en los años sesenta. El disco fue grabado en las instalaciones del Columbia 30th Street Studio entre 1968 y 1969, su publicación sería la carta de presentación de una nueva etapa en la carrera de Miles Davis.

Durante los años posteriores el trompetista sorprendería a sus seguidores con obras controvertidas a veces, geniales otras, pero siempre dignas de atraer con su magnetismo la atención del público. Álbumes como *Bitches Brew*, intenso y revolucionario pero capaz de motivar la división de los aficionados en cuanto a opiniones, *Agharta* o *Panagea*, formarían el núcleo más significativo de un primer bloque de lanzamientos discográficos del Miles Davis electrificado. Ya a mediados de la década de los setenta, con la aparición de *The Man With The Horn*, se iniciaría la estética de su última etapa. Su salud se hallaba en un estado de evidente deterioro, y las drogas habían reaparecido en su vida como antídoto contra los frecuentes dolores que lo afectaban. El trompetista seguía ofreciendo actuaciones en todo el mundo y firmando algunas de las obras más representativas del jazz eléctrico como *Decoy*, *Amandla*, *Tutu* o *You're Under Arrest*. Disfrutaba rodeándose de excepcionales músicos jóvenes de quienes a veces se consideraba el descubridor. Instrumentistas hoy más que conocidos, como los bajistas Darryl Jones y Marcus Miller o el saxofonista Kenny Garret, vieron como su prestigio y sus exitosas carreras posteriores estaban en deuda con Miles por haberlos elegido como acompañantes.

En estos últimos años el trompetista comenzaría una carrera paralela como pintor y algunos de sus discos incluirían ilustraciones realizadas por él mismo. Los tributos y homenajes comenzaban a llegar a su vida de forma continuada, pero los proyectos de futuro no abandonarían su mente hasta el final. Conversaciones con Gerry Mulligam abrirían expectativas sobre la posible reunión del noneto de *Birth Of The Cool* para una gira, también surgirían proyectos como grabar un álbum junto a Prince, o la ambiciosa idea de realizar una producción junto a Quincy Jones y la Orquesta Sinfónica de Los Ángeles, pero no hubo tiempo para hacer realidad estas ideas. En agosto de 1991, Miles Davis fue hospitalizado con un diagnóstico de neumonía que no descartaba una infección de sida. Murió en su casa de California el 28 de septiembre de ese mismo año.

12. stan getz

stan getz

Se ha querido ver en la figura de Stan Getz al gran músico blanco de jazz, al hombre que reunió las cualidades y el talento necesarios para evidenciar que un arte, de procedencia claramente negra, también era susceptible de ser engrandecido y enriquecido con aportaciones que solo podían ser posibles una vez sus formas hubiesen sido asimiladas e interiorizadas por músicos de una raza diferente a la de sus creadores. Getz, hijo de emigrantes judíos procedentes de Ucrania, recibió su primer saxofón como regalo de cumpleaños. Se trataba de un instrumento viejo, en pésimas condiciones, pero todavía apto para ser usado. Su familia se había instalado en Filadelfia hacia 1910 y en esa ciudad nació el saxofonista el 2 de febrero de 1927. Posteriormente, los Getz se instalarían en el Bronx neoyorquino donde el padre se establecería como impresor. Nueva York iba a ejercer una influencia muy positiva sobre el joven Stan, allí se adueñaría de una enorme curiosidad por todo lo relacionado con la música. Durante las reuniones familiares era habitual verle tocar la armónica y el saxo alto, el clarinete en las bodas y el fagot en la Monroe High School, centro en el que había sido matriculado. Con una infancia claramente marcada por la capacidad de desenvolverse bien con varios instrumentos, su futuro iba a estar marcado por la estrecha relación con el saxo tenor como herramienta de creación y trabajo.

A lo largo de la historia del jazz, y muy especialmente en el período que va desde los pioneros hasta los años de las grandes orquestas de swing, no era extraño descubrir que muchos instrumentistas colosales habían tenido una formación más bien rudimentaria. Bastantes músicos se hacían a sí mismos trabajando noche tras noche, extrayendo de la experiencia todo aquello que la escuela no había podido enseñarles. Un número considerable de jazzmen de los viejos tiempos combinaban el trabajo en las orquestas con oficios de diversa índole, y aunque la mayoría alcanzaban un punto en que podían dedicarse exclusivamente a la profesión, muchos la alternaban e incluso llegaban a abandonarla temporalmente para dedicarse a otras cosas. La historia de Stan Getz iba a ser diferente a esa tradición y con solo dieciséis años el saxofonista meditaría larga y profundamente la decisión de convertirse en un verdadero músico profesional. Los aspectos favorables y desfavorables fueron procesados por su mente para llegar a la conclusión de que la música iba a convertirse en el centro de su vida durante el resto de sus días.

El primer contrato

La primera oportunidad de trabajar no tardaría en llegar en forma de un contrato para entrar en la sección de saxos de la orquesta de Jack Teagarden. En las filas de una formación importante, Getz iniciaría una primera etapa de su carrera que estaría muy ligada al entorno de las big bands más destacadas de la época. Cuando unos meses más tarde la banda de Teagarden se disolvió, Stan Kenton lo llamó para incorporarlo en su grupo y brindarle la oportunidad de grabar su primer solo en «I Got Rhythm», corte registrado durante unas sesiones de estudio en San Diego. Getz afirmó haber escuchado a Lester Young en esa ciudad, y más tarde reconocería al saxo tenor de Basie como una de sus más importantes influencias. Su posterior paso por la orquesta de Bennie Goodman nos mostraría a un joven saxofonista tenor indudablemente influenciado por el viejo maestro de Kansas City, ejecutando un fra-

A pesar de su juventud, Stan Getz demostró bien pronto
que su nombre iba a estar entre los más grandes.

seo que no hubiese sido posible de no haberse sentido fascinado por el arte de su predecesor. Una visita a Nueva York, en 1945, todavía como miembro del grupo de Goodman, lo pondría en contacto con las nuevas tendencias surgidas del estilo bebop, y en medio de esa escena de incipiente modernidad, el descubrimiento de Charlie Parker y Dizzy Gillespie marcaría su trayectoria musical.

Meticulosidad y orden

Ya en los inicios de su carrera Getz mostró una tendencia a hacer las cosas bien, aspecto que lo caracterizaría a lo largo de sus años como músico. Le gustaba que cada uno de sus trabajos estuviese perfectamente terminado, mostrando siempre su preocupación por las líneas melódicas bien construidas y ejecutadas en la forma más adecuada al concepto musical que necesitaba cada tema. Cuando durante este primer período neoyorquino se le presentó la ocasión de tocar en un sexteto junto a instrumentistas como el batería Shelly Menne o el trombonista Kai Winding, su excelente gusto y depurada técnica ya hablaban de un músico que, a pesar de su juventud, mostraba los elementos necesarios para predecir que su nombre llegaría a estar entre los más grandes. Más tarde llegaría a tocar junto a sus boppers más admirados Hank Jones, Curley Russell y Max Roach. Getz, fiel a la influencia de un clásico como Lester Young, sabrá, en este período, incorporar a su estilo elementos parkerianos sin dejar de lado el peso que el sonido de Lester llegó a tener sobre el suyo propio. Su viaje a la Costa Oeste en 1947 acabaría en diversos encuentros profesionales de los que extraería el mejor provecho, pero la relación con tres saxos tenores como: Zoot Sims, Herbie Stewart y Jimmie Guiffre iba a terminar cuajando en una experiencia musical de lo más interesante. El excelente grado de compenetración y amistad entre los cuatro saxofonistas incidió en sus capacidades como creadores, y el resultado fue una música sorprendente, interesante hasta el punto de conseguir que el famoso director

Stan Getz fue conocido desde el principio por el sobrenombre de The Sound («El Sonido») debido a su tono cálido y muy lírico.

de orquesta Woody Herman los contratase para tocar con él después de quedar admirado al escucharlos. Aquella reunión, en la que también estaba presente el saxo barítono Serge Chaloff, fructificaría en la grabación de «Four Brothers», una pieza escrita por Guiffre. Se trataba de algo novedoso e inédito, tres tenores junto a un barítono, todo un atrevimiento conceptual para el registro de un tema. «Four Borthers» no solo quedaría como una genial muestra de originalidad en el seno de la historia del jazz, sino que también evidenciaba la grandeza de un Stan Getz, cuyo irrepetible sonido con el tenor no tardaría en motivar que

Getz fue el principal exponente del saxofonismo postparkeriano, cuyas formas se estaban moldeando a principios de los cincuenta, y que luego crecería con fuerza para garantizar la lógica evolución del jazz.

se le conociese bajo el seudónimo The Sound. La pieza, grabada el 27 de diciembre de 1947, sería para muchos el primer latido del cool interpretado en el seno de una orquesta, anticipándose incluso a los logros de Miles Davis con el famoso noneto Capitol en *Birth Of The Cool*, el disco que se ha considerado como referencia del nacimiento del estilo cool. La asociación de Getz con esos músicos y la sonoridad que fluye de Four Brothers, sentarían las bases de un saxofonismo postparkeriano, cuyas formas se estaban moldeando en esos días, y que luego crecería con fuerza para garantizar la lógica evolución del jazz.

Colaboraciones con Ralph Burns no tardarían en evidenciar cómo el Getz inmediatamente posterior a «Four Brothers» ya era perfectamente capaz de dotar a su sonido de emociones y discursos diversos. Se había convertido en una estrella de un sonido elegante y su capacidad de fascinación a través de su música era admirable. La decisión de abandonar a Herman llegaría en 1949, aunque la amistad entre ambos músicos iba a mantenerse a lo largo de los años. Getz solía afirmar que la orquesta de Herman era su favorita, y el director, por su parte, no dudó en solicitar su presencia como invitado especial en distintas ocasiones, aunque no fuese ya un miembro fijo de su formación. Ahora, con poco más de veinte años, se había convertido en uno de los músicos más solicitados de la escena del jazz, enormemente apreciado por la comunidad jazzística y admirado por el público y la crítica. Su marcha de la banda se había producido en el momento en que las grandes formaciones entraban en crisis, acontecimientos como la guerra y el bebop afectaban de forma distinta a las viejas orquestas de swing. Por otra parte Getz era consciente de que la celebridad era más difícil de alcanzar en un contexto formado por numerosos músicos.

Pequeños grupos

La era de los grandes solistas capitaneando pequeños combos estaba floreciendo en el ambiente del jazz y un músico inteligente, y sin duda poseído por grandes necesidades expresivas, no podía dejar de ser plantearse los beneficios que como creador podía extraer de esa situación. El marco de los pequeños grupos sería el que el saxofonista consideró como ideal a partir de ese momento. Estaba dando los pasos precisos para llegar a ser una de las grandes individualidades del jazz. A finales de la década, ya de vuelta en Nueva York, reunió a un cuarteto con algunos de los grandes jazzmen que en aquellos años la ciudad podía ofrecerle. El pianista Al Haig, el contrabajista Tommy Potter y el batería Roy Haynes (todos ellos grandes de la escena del bebop y habituales músicos de Charlie Parker), se unieron en torno al saxofonista tenor para realizar un concierto navideño en el Carnegie Hall, uno de los templos de la música en directo de la ciudad. Esa relación de grupo se mantendría durante dos años más, incorporando a veces al guitarrista Jimmy Raney y sufriendo cambios que terminaría por traer al contraba-

Stan Getz y Joao Gilberto,
espectacular combinación.

jista Teddy Kotick y al baterista Tiny Kahn. La llamada del empresario George Wein para darles trabajo en el Storyville, el club que había
abierto en Boston, terminaría en una sesión irrepetible, de música de la
más alta calidad, por suerte grabada e inmortalizada en disco. Los años
siguientes no serían más que la culminación del gran éxito del saxofonista, con grabaciones y colaboraciones numerosas. En 1953 el gran
productor y promotor, Norman Granz, acudió a Getz para incorporarlo en su Jazz At The Philarmonic, un espectáculo itinerante creado por
Granz cuyo éxito se mantuvo durante los años cuarenta, cincuenta y sesenta. La buena acogida por parte del público motivó que el empresario
tuviese la idea de editar discos inmortalizando esos encuentros sobre el
escenario. Se trababa de reunir en gira a los grandes artistas de jazz del
momento para que recreasen en teatros y salas de concierto de todo el
mundo las jam sessions que originalmente tenían lugar en los pequeños
clubes de las ciudades norteamericanas. El nombre fue tomado del Philarmonic Auditorium de Los Ángeles, lugar en el que Granz organizó
la primera de sus sesiones en 1944, y a lo largo de las tres décadas siguientes artistas como: Ella Fitzgerald, Dizzy Gillespie, Illiniois Jacket,
Oscar Peterson, Duke Ellington o Roy Eldridge animaron esas veladas
en las que, a pesar de no tratarse de verdaderas jam sessions, el ambien-

te en el escenario era absolutamente evocador de la magia e intensidad del modelo inspirador. En Jazz At The Philarmonic Getz tendría ocasión de confrontar su talento con grandes instrumentistas como: Benny Carter, Willie Smith o Wardell Gray, así como con héroes míticos de la talla de Lester Young y Coleman Hawkins.

La llamada de la música latina

El 19 de diciembre de 1953, y gracias nuevamente a Norman Granz, Getz se reunió en el estudio con Dizzy Gillespie para grabar las tomas de *Diz and Getz*, un disco que editaría Verve, la compañía que el propio Granz regentaba. La sección rítmica era de primera categoría, con Oscar Peterson al piano, Herb Ellis a la guitarra, Ray Brown al contrabajo y el omnipresente Max Roach a la batería. «Siboney», una pieza de corte latino dividida en dos partes, haría cómplice a Getz del entusiasmo de Dizzy por lo cubano. Más tarde el saxofonista centraría parte de sus repertorios en la música de Brasil, otro país meridional por cuyas sonoridades se sentiría muy atraído. La carrera de Getz en el seno de grupos reducidos tomaba impulso. Era un trayecto que le permitiría encontrarse con grandes músicos de diversas generaciones para colaborar en proyectos diferentes pero siempre dotados de gran calidad. Horace Silver, Gerry Mulligam, Chet Baker o Bill Evans serían algunos de esos talentosos instrumentistas que se cruzaron en su camino en claro beneficio del mejor jazz. Pero la música brasileña estaba ya a punto de instalarse como algo importante en la vida del saxofonista. La historia comenzó en 1961, cuando el guitarrista Charlie Byrd, estando de gira por América del Sur, descubrió «Desafinado», un tema firmado por Antonio Carlos Jobim. Fascinado por esa música conseguiría grabarlo junto a Getz para el sello Verve. Aunque la publicación de ese corte sería demorada, los rumores de que ambos músicos habían realizado algo fabuloso incurriendo en la música brasileña circularon, y el tema terminó contando con nuevas versiones protagonizadas por un elenco de músicos que iba desde Charlie Parker, Ella Fitz-

Durante los últimos años de su vida, ya en plena
década de los ochenta, Stan Getz realizó discos
extraordinarios y no cesó de viajar ofreciendo
actuaciones por todo el planeta.

gerald o Coleman Hawkins. Finalmente, cuando en 1962 se publicó en
el album *Jazz Samba* la versión que había quedado inédita, el disco batió
récords de ventas llegando al número uno en la publicación de referencia *Billboard*, y llegó a permanecer en listas durante varios años. Getz se
había topado con la sonoridad de la bossa nova y ese encuentro provoco
en él cierto interés, atrayéndole hasta el punto de ponerse en contacto
con la cantante Astrud Gilberto, el propio Carlos Jobim como pianista,
el guitarrista y cantante Joao Gilberto, el contrabajista Sebastiao Neto y
el percusionista Milton Banana. Juntos realizarían uno de los discos más
exitosos de todos los tiempos, un proyecto que se titularía *Getz-Gilberto* y
acabaría permaneciendo en las listas de *Billboard* durante ocho años consecutivos. El saxofonista había acercado los lenguajes del jazz y la bossa
nova obteniendo un éxito rotundo que le aportaría la admiración de sus
colegas. Ese mestizaje iba a terminar convirtiéndose en una tendencia .
Los pasos de Getz por la música brasileña había engrandecido también la
historia de la música moderna.

A finales de los años cincuenta el saxofonista decidió fijar su residencia
en Escandinavia. Allí conoció al pianista Bengt Hallberg quien le puso

en contacto con la música tradicional de la zona. El tema folclórico «Ack Värmeland Du Sköna», se convirtió por obra de Getz en el estándar «Dear Old Stockholm», uno de los clásicos del legado del músico norteamericano. Viajó por Europa dando numerosos conciertos y realizando grabaciones con varios músicos del viejo continente, entre los cuales estaban Martial Solal, René Urtreger, Barney Wilen o Pierre Michelot. De regreso a los Estados Unidos, ya en la década de los sesenta, se le propuso participar como saxofonista en la suite «Focus», compuesta por Eddie Sauter. Se trataba de una pieza para orquesta y solista, y Getz no pudo disponer de las partituras. Analizó el concepto general de la obra y su estructura y realizó una magnifica labor tocando de oído y aventurándose con éxito en un complejo ejercicio de improvisación. Era toda una figura, un pilar del saxo tenor que no dejaría de cosechar triunfos y provocar admiración durante el resto de su vida. Muchos le consideraron el mejor saxofonista vivo del mundo, teniendo como único competidor a su contemporáneo John Coltrane.

Su brillo como músico provenía de la magnitud de su talento y garantizaba la continuidad del saxo tenor como instrumento importante en la historia del jazz. Durante los últimos años de su vida, ya en plena década de los ochenta, realizó discos extraordinarios y no cesó de viajar ofreciendo actuaciones por todo el planeta. En esa época sus colaboraciones con músicos como Kenny Barron, Rufus Reid o Victor Lewis fructificaron en obras esenciales para comprender la vigencia de la tradición del jazz acústico. Discos cargados de modernidad y cuya música siempre se muestra ejecutada con impecable técnica, indudable virtuosismo y desmesurada elegancia. Su refinado sentido de la melodía, emocional y tremendamente expresivo, no lo había abandonado jamás. Los problemas de salud comenzaron en 1988, cuando tuvo que suspender sus actuaciones al serle detectado un cáncer de hígado. Pronto volvió a pisar los escenarios para ofrecer su gran arte a públicos de todas partes, pero sin permitir que su talento flaquease sobre el escenario a pesar de su enfermedad. Su muerte, el 6 de junio de 1991, privó al mundo de uno de los artistas más completos y extraordinarios que el jazz haya podido ofrecer .

13. john coltrane

john coltrane

Se ha considerado a John Coltrane como una de las figuras esenciales del la historia del jazz. Su carrera corrió a caballo entre dos mundos: tuvo un papel decisivo en el quinteto de Miles Davis que duró desde los años de apogeo hasta los últimos latidos del estilo hard bop, y protagonizó, durante la etapa final de su carrera, la avanzadilla hacia el jazz de vanguardia que sacudiría la escena de los años sesenta. Sumido en una búsqueda constante que desembocaría primero en un movimiento llamado New Thing, y luego se desarrollaría hasta la estética del free jazz, su carácter, mezcla entre lo espiritual y lo vanguardista, terminaría convirtiéndole en uno de los motores que más velozmente hicieron avanzar la música afroamericana de su tiempo. Su breve carrera sería truncada por una muerte prematura. De no haber sido así, el imparable desarrollo de nuevas ideas, tan inseparable de su personalidad musical, lo hubiese llevado a territorios que hoy quizás no podamos ni llegar a intuir. Coltrane no dispuso del tiempo suficiente, pero su legado sigue siendo gigantesco, es la obra de un artista que, haciendo referencia a uno de sus discos más celebrados, hizo avanzar el jazz a pasos agigantados.

Nació en la ciudad de Hamlet (Carolina del Sur), el 23 de septiembre de 1926, en una familia con cierta predisposición a la música. Su madre era la responsable de tocar el piano en la iglesia y su padre combinaba la profesión de sastre con la práctica de la música en su tiempo libre. John no tardaría en vivir sus primeros encuentros con la música. Ya en 1938 formaba parte de una orquesta de estudiantes, pero las primeras lecciones serias llegarían poco tiempo después, cuando los suyos se mudaron a Filadelfia y fue matriculado en la Ornstein School Of

Music, institución que asentaría las bases de la formación musical del futuro músico. Parece que por aquellos días ya iniciaba sus andaduras por el terreno profesional, acompañando a una cantante llamada Big Maybelle y actuando también en sesiones de baile. Cuando a finales de la Segunda Guerra Mundial el ejercito lo llamó a filas, sus primeras intentonas de trabajar como músico se vieron truncadas. Fue destinado a Hawai y tendría que esperar hasta su regreso para reemprender el camino que había decidido recorrer. De vuelta a casa tras ser licenciado, entraría como miembro en los grupos de dos músicos bastante conocidos: el del saxofonista Eddie Vinson y el de Howard McGhee, uno de los trompetistas relevantes de los años del bebop que, además de liderar sus proyectos, había trabajado con Charlie Parker. Ahora, habiendo fijado su residencia en Filadelfia, no le costaba relacionarse con algunos de los héroes locales del jazz, manteniendo en esta época encuentros con Benny Golson, Jimmy Heath, Bill Barron o Philly Joe Jones, el gran batería con quien más tarde compartiría algunos años de su vida en el seno del famoso quinteto de Miles Davis. Frecuentando a estos jazzmen con mayor o menor frecuencia, Coltrane conoció de primera mano el ambiente del jazz y los entresijos de las vidas de sus músicos.

Una formación moderna

La primera oportunidad interesante para trabajar como saxofonista le llegaría cuando el trompetista Dizzy Gillespie, famoso ya por haber dado forma al bebop junto a Charlie Parker, lo llamó para ofrecerle un puesto en su orquesta. Esa experiencia supuso para Coltrane la posibilidad de integrarse en una formación de planteamientos modernos, contemporáneos al jazz de aquellos años y formada por brillantes instrumentistas. Iba a ganarse la vida en el sector de la música y tendría ocasión de conocer de primera mano los métodos de trabajo de un gran maestro. Esta primera incursión en el seno del grupo de un gran líder sería de gran utilidad para él, como otras que se sucederían a continua-

Frecuentando a los jazzmen de primera fila, Coltrane conoció ya de muy joven el ambiente del jazz y los entresijos de las vidas de sus músicos.

ción y que no siempre vendrían de músicos identificables con la moder-nidad del jazz de aquellos años. Johnny Hodges, el saxofonista alto que había emocionado al mundo con su sonido suave y redondo desde su puesto en la banda de Duke Ellington, lo llamaría también para que se uniese a él durante los pocos años en que abandonó a Duke. Eso suce-día en 1953 y Coltrane era ya un músico solvente, dotado de experien-cia profesional, aunque todavía no preparado para aceptar un destino

John Coltrane llegó a formar parte del quinteto de Miles Davis. En esta fotografía puede apreciarse al maestro tocando mientras Coltrane escucha.

estable. Líderes de grupos como los organistas Shirley Scott y Jimmy Smith, contratarían sus servicios sucesivamente. Todo este ir y venir contribuiría, en definitiva, a incrementar la facilidad del músico para desenvolverse bien en diferentes estéticas y marcos instrumentales. Iba y venía de Nueva York a Filadelfia, alternando contratos pero manteniéndose todavía en el lugar de un completo desconocido. Quienes tuvieron la oportunidad de escucharlo afirmaban que era un saxo tenor heredero del estilo de Charlie Parker con el alto, aunque ya capacitado para mostrar diferencias respecto a su máxima influencia. El saxofonismo de Coltrane ofrecía ya entonces la energía y visceralidad que acabarían caracterizándolo. Pero la necesidad de marcar las diferencias con el maestro de Kansas City no tardaría en aparecer, y Coltrane se entregaría a fondo en la búsqueda de un lenguaje propio acompañado de un sonido adecuado a sus necesidades expresivas. Acababa de cumplir veintinueve años y seguía en una situación de casi anonimato, pero la suerte iba a llamar a su puerta de forma inesperada. En esos días Miles Davis acababa de formar el quinteto que pasaría a la historia del jazz, necesitaba un substituto como tenor para Sonny Rollins, y se puso en contacto con Coltrane para que ocupara el puesto. Lógicamente aceptó tan interesante propuesta, aunque entonces no podía imaginarse que trabajando en ese grupo llegaría a escribir algunas de las páginas más importantes que el saxofón haya legado a la historia del jazz. Era consciente de la importancia de su nuevo trabajo y debía aprovechar la ocasión sacándole el máximo partido. A mediados de los años cincuenta, el quinteto de Miles Davis era una formación ejemplar y muy singular en sus propuestas sonoras. El hard bop había desplazado al bebop parkeriano, y nuevos y extensos desarrollos instrumentales concedían a la música la condición de ritual. Miles siempre supo situar a su grupo en un lugar diferente, marcado fuertemente por su gran personalidad y poniendo todos los acentos que hiciesen falta para que aquella música solo pudiese ser identificada con su propia individualidad como creador. La elegancia del trompetista corría paralela a las atmósferas y sonoridades que el grupo era capaz de conseguir.

John y Miles

Se trataba de una propuesta de jazz exquisita y bien pensada, muy a la medida de un músico con el potencial de John Coltrane. Quizás siguiendo el consejo de su voz interior, el saxofonista sentía la necesidad de abandonar la ortodoxia del bop, cuyas formas continuaban teniendo un enorme peso en lo que se consideraba el jazz moderno del momento. Trabajaba sin tregua, en un incansable esfuerzo por alcanzar el propósito de conseguir un lenguaje propio a partir de algo diferente. Necesitaba elaborar su discurso personal como saxofonista, evolucionado y creíble, un forma que lo hiciese identificable y único con el tenor entre los labios. Con Miles a la trompeta y dirección, Red Garland al piano, Paul Chambers al contrabajo y su viejo amigo Philly Joe Jones a la batería, su realidad de entonces no era otra que estar rodeado de algunos de los mejores músicos de los años cincuenta, y aunque la procedencia estética del quinteto partiese inicialmente del bop, sus esforzadas búsquedas y experimentaciones le permitieron finalmente situarse a la distancia deseada del legado de Parker.

El quinteto de Miles Davis se disolvió en 1957 y Coltrane, ahora libre de compromisos, tendría la oportunidad de trabajar junto al pianista Thelonious Monk. Juntos realizarían obras impresionantes, y el legado discográfico de este encuentro resultaría de una belleza sin par y una intensidad irrepetible. El disco *Thelonious Monk & John Coltrane* muestra la combinación de dos talentos diferentes que encuentran un espacio común para caminar juntos en sintonía. La hermosa balada «Ruby My Dear» o el clásico del pianista «Epistrophy» resultan evidentes a la hora de mostrar como el saxofonista ha logrado evolucionar en los objetivos que se había fijado. El sonido ácido característico de Coltrane acoge desarrollos cuya expresividad hace pensar en historias dotadas de diferentes situaciones, narradas en un lenguaje que no es otro que el idioma coltraneano. El músico se había liberado totalmente del clasicismo bop y parecía atrapado en la euforia de estar en el camino correcto. Desbordante y repleto de energía ya estaba preparado para lanzar montones de ideas a través del poderoso sonido de su instrumento. Monk le había propiciado una experiencia decisiva, y Coltrane supo extraer de aquel extraño maestro lo esencial que este podía ofrecerle para seguir evolucionando. En esos días asistió a las famosas sesiones del club Five Spot y durante esas veladas desarrollaría solos muy largos, torrentes de notas tocados con una expresividad arrolladora.

Esas sesiones iniciaron una forma de hacer solos que en lo sucesivo serían inseparables de su estilo, todo un sello de identidad que tendría sus admiradores pero también sus detractores. Poco más tarde, cuando Miles Davis decidió reunir nuevamente a sus músicos para formar un sexteto, todo lo nuevo en el arte del saxofonista estaría ya bien asentado y totalmente asimilado. Coltrane estaba listo para aportar toda su riqueza como instrumentista al nuevo grupo liderado por Miles.

Coltrane tenía un estilo desbordante y repleto de energía, y se sentía preparado para lanzar montones de ideas a través del poderoso sonido de su instrumento.

La novedad era que el sexteto contaba con dos saxofonistas. Julian «Cannonball» Adderley sería el compañero de Coltrane en el lugar de los saxofones. Por otra parte, la presencia del pianista Bill Evans estimularía al grupo hacia el territorio del jazz modal. La grabación en 1949 del álbum *Kind Of Blue* transformaría la historia del jazz a la vez que protagonizó uno de sus capítulos más destacables. El disco era también un magnífico ejemplo de jazz modal, una forma de hacer música que en aquellos días atraía a algunos compositores, y cuya base residía en trabajar los temas ya no desde su tonalidad, sino desde las escalas o modos que podían interactuar para hacer que la música fluyese. El interés de Miles por esa estética lo había llevado a frecuentar bibliotecas musicales en busca de escales que le resultaran atractivas, lejos de las habituales tonalidades mayor y menor. Bill Evans, en cambio, había accedido a la música modal durante su etapa como estudiante de conservatorio en la Universidad de Southeastern en Louisiana y más tarde en el Mannes College Of Music. El trompetista investigaba por sus propios medios, y el pianista venía de una sólida formación académica. Eran dos caminos diferentes que terminarían encontrando un cruce donde crear en perfecta sintonía una obra intemporal. En medio de todo aquello, el fino oído de Coltrane buscaba el lugar donde situar su arte y acabar de engrandecer el resultado. La década de los cincuenta llegaba a su fin y el talento del saxofonista ya no era ningún secreto para la comunidad del jazz.

El reconocimiento como líder

Paralelamente a su trabajo junto a Miles, había realizado algunas grabaciones como líder acompañado por sus compañeros del quinteto. Estas sesiones, muestra inequívoca de lo complejo y convulsivo de sus ejecuciones al saxo tenor, mostraban a un Coltrane cuya voluptuosa expresividad no dejaba de lado la rabia y el desasosiego. Coltrane, ya plenamente inmerso en el vértigo que lo llevaría a definir el papel del saxo tenor en el jazz moderno, tomó la decisión de abandonar definitivamente a Miles Davis al finalizar la gira europea de 1960. Sus incursiones en el estudio en abril de ese mismo año le presentarían tocando por primera vez el saxo soprano en una sesión de grabación. Usaba el instrumento a su manera, obteniendo una sonoridad fresca e inédita, muy alejada del modo en que habían abordado ese instrumento grandes músicos anteriores a él como Sydney Bechet. Ese año grabaría para el sello Atlantic el disco *Giant Steps*,

Portada de uno de los mejores discos de jazz de todos los tiempos, *Blue Train*, de John Coltrane, en una cuidada edición de Blue Note.

un trabajo que le aportaría el reconocimiento como líder y la seguridad de caminar en la dirección más indicada. Este álbum llegaría a ser considerado como un trabajo importante, no solo en su carrera como músico, sino también en la historia del jazz. Se trata de una propuesta compleja pero esencial en sus planteamientos de contemporaneidad. Eran los días

John Coltrane y Johnny Hartman.

en que la década de los sesenta proclamaba su condición de ser la época que acogía a la música de vanguardia, años de experimentación y rupturas formales en los que músicos como Eric Dolphy, Charles Mingus, Ornette Coleman o Albert Ayler firmaban discos que no debieron pasar inadvertidos para John Coltrane. Él quería ofrecer a través de la música su propia visión de todo aquello, siempre desde una perspectiva personal y rompedora. Para ello iba a ser necesario formar un cuarteto dispuesto a dar vida a unos planteamientos que el jazz no había conocido hasta entonces. El pianista McCoy Tyner, el bajista Jimmy Garrison y el baterista Elvin Jones se convirtieron en sus compañeros de viaje para conseguir los más arriesgados grados de expresión musical. Las primeras actuaciones del grupo dejaron a más de un aficionado boquiabierto. Fueron insólitas y sorprendentes, estaba claro que aquello era totalmente nuevo y, aunque los repertorios seguían alimentándose del cancionero popular que tradicionalmente había abastecido al jazz, el sonido del cuarteto tomaba distancia del material presentado por el saxofonista en *Giant Steps*. La primera entrega discográfica del nuevo cuarteto se titularía *My Favourite Things* y sería el último disco que Coltrane grabase para el sello Atlantic. Garrison tuvo que ser substituido por el bajista Steve Davies, pero el resto del grupo no sufrió ninguna alteración. Se trataba de una muy bien elaborada deconstrucción de piezas bien conocidas, algunas populares por haber sido utilizadas en famosos musicales. Era una obra de gran magnitud, aparecida en un momento en que el prestigio del músico ya era codiciado por la industria discográfica independiente. Impulse, un nuevo sello cuyo responsable de grabaciones era el productor Bob Thiele, formaría equipo con Coltrane durante los años siguientes.

Thiele era un ejecutivo que no dudaba en dar apoyo a los músicos de vanguardia, y su opinión fue determinante para que otros directivos de la compañía, de mentalidad mucho más conservadora, no pusiesen problemas para incluir en su catálogo las atrevidas grabaciones de Coltrane. LeRoi Jones, uno de los grandes poetas y analistas de la negritud norteamericana, afirmó que Thiele, siendo como era un hombre de raza blanca, había sido capaz de entender y ayudar a los músicos de la vanguardia afroamericana de una forma mucho más destacada que algunos productores y empresarios de raza negra. La labor que el productor realizó en este sentido no debió resultarle nada fácil. Coltrane anteponía la honestidad de su arte a cualquier presión de tipo comercial, y muchas veces los altos cargos de Impulse mostraban su contrariedad por no poder contar con material apto para públicos más amplios. Pero la actitud persistente de Coltrane no cambiaría. *Africa/Brass*, su primer disco para el sello, rebosa en planteamientos atrevidísimos, prevaleciendo la libertad en la música desprendida de sus surcos. En un momento determinado, Thiele se vio obligado a elaborar una estrategia, y al hacerlo demostró ser un hombre de gran sensibilidad e inteligencia. Necesitaba editar algunos discos más accesibles al público mayoritario para luego utilizarlos para equilibrar la balanza y garantizar a Coltrane su continuidad como músico experimental dentro del catálogo de Impulse. Pensó que si sugería al saxofonista realizar una grabación de incuestionable calidad junto a uno de los maestros históricos de la música negra, este no podría negarse.

Cultura americana de identidad negra

Las sesiones para el álbum *Duke Ellington & John Coltrane* tuvieron lugar en 1962. Eran dos músicos de distintas procedencias, un genio que había renovado el jazz en su gran época y cuya trayectoria artística se remontaba casi a los tiempos de los pioneros, y un joven, también renovador, aunque en clave contemporánea, que en aquellos días hacía temblar los cimientos de la música de su tiempo. Quizás, el denominador común que los unió, más allá de la música, fue su compromiso con una cultura americana de identidad negra. El disco, que tuvo una gran aceptación en el *establishment* del jazz, fue también bien visto por quienes en aquellos días luchaban a favor de las reivindicaciones de la negritud americana. Desde mediados de los años cincuenta América veía como algunos colectivos se organizaban en defensa de la igualdad. El más representativo de estos grupos fue el movimiento por los Derechos Civiles de Estados Unidos. Practicaban una lucha exenta de violencia para conseguir el pleno acceso a los derechos de las comunidades más marginadas. Uno de sus objetivos más importantes fue el de terminar con la segregación racial. Fue un período histórico intenso y turbulento que se prolongó hasta el asesinato de Martin Luther King. Algunos artistas negros como Ray Charles o Archie Shepp se unieron abiertamente a la causa y algunos llegaron a politizar algunas de sus obras. En esta dirección irían por ejemplo el batería Max Roach y su compañera Abbey Licoln. Pero la comunidad negra no dejó de tener su propia voz en este complicado panorama, grupos más violentos como los Black Panthers o líderes como Malcolm X intentarían hacer una profunda transformación de América desde la lucha por la identidad de los ciudadanos negros. Estos movimientos políticos también estaban muy pendientes de cuál era el posicionamiento de los artistas más destacados de su comunidad. John Coltrane, creando música en plena ebullición de este ambiente, terminaría siendo considerado como uno de los grandes símbolos de la cultura negra, y eso mismo les sucedería a Coleman Hawkins y Sonny Rollins después de grabar juntos una obra llamada «Freedom Suite» que se convirtió en todo un símbolo de todas aquellas reivindicaciones.

La segunda de las propuestas que Thiele realizó en busca de discos de Coltrane más accesibles para el gran público culminaría también en una obra extraordinaria. Sería un disco llamado *Ballads* y, tal y como su nombre daba a entender, Coltrane y su cuarteto se ocuparían en de presentar su concepción de temas lentos y hermosos. Las baladas incluidas estaban impregnadas de fuerza y expresividad, con un resultado memo-

Alice, esposa de Coltrane y su compañera en ritos espirituales, también gran intérprete de piano.

rable que seguramente fue ensombrecido por la tercera de las producciones que Thiele conseguiría de Coltrane dentro de su bien trazado plan. Las sesiones de grabación se fijaron para los días 3 y 6 de marzo de 1963, en ellas el cuarteto tenía que realizar las tomas en colaboración con el vocalista negro Johnny Hartman. Se trataba de un cantante de expresión elegante y refinada, cuya voz envolvente conseguiría asombrosos contrastes con el sonido ácido de Coltrane. El resultado fue de una química fascinante y bizarra que se adueñó del concepto sonoro del disco en general. El proyecto se compone de una serie de baladas, todas ellas perfectamente interpretadas, destacando la versión de «Lush Life», tema firmado por Billy Strayhorn, que supone, sin duda, el punto álgido del disco. El clasicismo se combinó con acierto con el moderno sonido del combo y esto, junto a las atmósferas y paisajes sonoros conseguidos, motivó que *John Coltrane & Johnny Hartman* quedara como una de la grabaciones indispensables de la época.

Durante esos días Coltrane ya mostraba un profundo interés por los temas espirituales, religiosos y metafísicos. Esta inclinación crecería notablemente durante el último período de su vida y lógicamente terminaría estando presente en su música. Discos como *A Love Supreme* y *Ascension* son esclarecedores en este sentido. En ellos la música fluye libremente intentando transmitir la máxima espiritualidad, tanto la interpretación como la posterior audición se convierten en profundos rituales casi religiosos. Estaba buscando a Dios a través de su música, y la obsesión por moldear toda esa espiritualidad mediante sus creaciones se desarrollaría hasta el punto de dejar exhaustos a sus músicos. El primero en abandonar el grupo sería el pianista McCoy Tyner, convencido ya de que Alice, esposa de Coltrane y su compañera en ritos espirituales, estaba destinada a tomar su puesto.

Expresión desbocada

El saxofonista, sumido ahora en un profundo estudio sobre las posibilidades expresivas de la percusión africana, tomaría la decisión de que un segundo batería contribuiría a plasmar esos aspectos en el seno de su grupo. Rashid Ali no tardaría en entrar en la formación para desempeñar esa función, y eso motivaría no pocas tensiones con Elvin Jones, el batería titular, quien finalmente plantaría a Coltrane y se iría a trabajar con Ornette Coleman. Los siguientes meses, ya con Alice al piano y Rashid a la batería, se convirtieron en una muestra de expresión desbocada en la que algunos quisieron ver las blasfemias que el saxofonista era capaz de lanzar como propias de su universo espiritual. Todo giraba en torno de incesantes búsquedas en los territorios del espíritu, un objetivo al que Coltrane parecía estar dispuesto a llegar con la música como único vehículo.

El disco *Cosmic Music* sería una buena muestra de lo que juntos eran capaces de ofrecer en ese momento. El despliegue instrumental se alternaba con evocaciones místicas, y las oraciones se insertaban en el

Portada del último disco
publicado por John
Coltrane junto a su mujer,
Cosmic Music, antes de su
muerte en 1967.

sonido como plegarias destinadas a difundir un orden cósmico donde el amor es quien mantiene el equilibrio.

Graves problemas de salud se detectaron en el saxofonista en 1966. Su hígado mostraba los excesos cometidos en los días en que el alcohol y las drogas formaban parte de su rutina. *Expression*, su último disco, muestra todavía intactas las inquietudes de un músico dispuesto incluso a utilizar orientalismos sonoros para enfatizar el sentido espiritual de su arte. Era como si el saxofonista se hubiese convertido en un visionario de aspectos que cobrarían fuerza en el movimiento hippy que emergía precisamente en ese momento. Murió el 17 de julio de 1967 de un cáncer de hígado, después de acudir al hospital por sus propios medios en un intento de librarse del fuerte dolor que sufría. Una vez ingresado murió en pocas horas. Se había mantenido en activo hasta el último momento.

Terece Blanchard

14. el jazz de las últimas décadas

el jazz de las últimas décadas

A finales de los años cincuenta el agotamiento del hard bob era evidente. Como estilo que había marcado la modernidad de los años precedentes, su estancamiento era visible y sus fórmulas comenzaban a repetirse a sí mismas. Los largos desarrollos propiciados por los discos de 33 revoluciones por minuto, poco aportaban ya en lo que a nuevas ideas podía esperarse, y algunos músicos que habían surgido del seno de ese estilo comenzaban a imaginar nuevos caminos y posibilidades para el jazz. El contrabajista Charles Mingus y el saxofonista John Coltrane serían dos de los miembros destacados de la comunidad musical que habían comenzado a practicar un estilo más libre, otorgando una enorme libertad expresiva a los solistas y ampliando consistentemente la función de las rítmicas.

Sin duda, el deseo de evolucionar sin dogmas ni presiones que obstaculizasen el avance, se estaba instalando en el jazz de esos años. Improvisaciones no sometidas a las estructuras armónicas y la absoluta libertad en las ejecuciones del ritmo y la melodía se estaban adueñando de una escena, cuyas nuevas sonoridades caminaban paralelas a la reivindicación de unas formas culturales propias de los negros americanos. Todo ello desembocaría en un estilo llamado free jazz, y el disco del mismo nombre, firmado por el saxofonista Ornette Coleman en 1960, sería considerada como el manifiesto sonoro del movimiento. Su cubierta mostraba una obra del pintor expresionista abstracto Jackson Pollock, un nuevo síntoma de que la evolución del jazz hacia una música intelectualizada no había cesado. En el trasfondo de la comunidad de músicos y artistas que se agrupaban alrededor de esta estética vanguardista, residía también una marcada reivindicación del jazz como arte de la negritud, así como cierta intención de hacer una nueva música que no gustase al público blanco y que luciese los emblemas de una cultura negra por definición propia. Como innovación, el free jazz aportaba la interacción entre la melodía y el ritmo, la atonalidad como recurso frecuente, la incorporación de los ruidos como parte importante de lo que se puede hacer con un instrumento y una concepción del tempo libre, en las antípodas de la ortodoxia académica. Eran los tiempos de Malcolm X y la nación del Islam, días en que muchos músicos despreciaban su condición de ciudadanos norteamericanos afirmando ser africanos nacidos en América. Una de las reivindicaciones habituales de entonces era la cambiarse el nombre real por uno de origen islámico, en este sentido podemos recordar fácilmente casos como el del boxeador Cassius Clay, que terminaría llamándose Muhammad Ali, o el batería Leo Morris que adoptaría el nuevo nombre de Idris Muhammad. Este nuevo jazz corría paralelo al movimiento por los derechos civiles y a la aparición de una nueva fuerza que recogiera las inquietudes de los afroamericanos y fuera un contundente brazo de la lucha de sus miembros.

Black Power

El movimiento se llamó Black Power y acogió a grupos combativos formados, como era el caso de los Black Panthers, bajo un espíritu que no ha dejado todavía de latir en algunos músicos jóvenes de la actualidad. Eran tiempos inquietos, de revolución social y lucha política. El mundo vivió la crisis de los misiles de Cuba de 1962 y las protestas por la participación de los norteamericanos en la guerra de Vietnam. La música tenía su voz y la usaba para expresar sus quejas, lo hacía con convicción, aunque en un contexto revuelto en el que las reivindicaciones eran desde raciales a políticas o pacifistas. Fueron sin duda años decisivos en la transformación de la sociedad y la historia y el jazz no quedo al margen de todo ello.

El contrabajista Charles Mingus
sería uno de los miembros
destacados de la comunidad musical
que había empezado a practicar un
estilo más libre.

Algunos de los representantes más importantes del free jazz fueron Ornette Coleman, Archie Shepp, Cecil Taylor o el Art Ensemble Of Chicago. Fue un momento de ebullición e intensidad ideológica en el seno de la comunidad jazzística, pero aunque esta estética se mantendría sin dificultad en los años futuros, sus días álgidos pasaron y el estilo terminó cuajando bien entre los músicos del Norte de Europa. Curiosamente, una forma musical que en sus planteamientos era exclusiva para un público negro, hoy es uno de los más importantes núcleos estilísticos que sustentan la producción de los compositores e instrumentistas de la vanguardia europea.

Los últimos años de la década de los sesenta vieron como la música popular se transformaba por la incorporación de algunas novedades en los instrumentos electrónicos. La nueva revolución propiciada por los ingenieros y los fabricantes traería teclados como el moog, uno de los primeros ingenios de la familia de los sintetizadores. También reinarían pianos eléctricos, como los de Fender Rhodes, así como los bajos eléctricos introducidos por Leo Fender en los años cincuenta para solucionar los problemas de sonoridad del contrabajo en el seno de los grupos de música. Nuevos sistemas de amplificación y sonoridades recién nacidas desencadenarían en una revolución en el seno del jazz. Todos estos acontecimientos darían como resultado un estilo al que se suele denominar de dos formas distintas: jazz-fussion o jazz-rock. Miles Davis pondría la primera piedra de esta nueva arquitectura sonora al editar en 1969 el disco *In A Silent Way*, y su nombre quedaría como el del descubridor de muchos de los jóvenes músicos que terminarían convirtiéndose en los grandes representantes de esta nueva tendencia. Muchos surgirían de la filas de los grupos de Miles para luego dar forma a sus propios proyectos personales y llenar de música el nuevo estilo. Chick Corea se pondría al frente de una interesante banda llamada Returno To Forever, Joe Zawinul lideraría a unos Weather Report que mezclarían jazz, rock y músicas del mundo. Un miembro de este grupo, el bajista Jaco Pastorious, haría arrancar los trastes de su Fender Jazz Bass y cambiaría para siempre el papel del bajo eléctrico en la música moderna.

Nuevas generaciones

El guitarrista, John McLaughlin, junto a un apasionado violinista eléctrico llamado Jean-Luc Ponty, darían forma a la siempre sorprendente Mahavishnu Orchestra. Con estas bandas como eje principal del movimiento, el jazz-rock iría ganando adeptos entre las nuevas generaciones de músicos. Legiones de instrumentistas formaban bandas por todo el mundo y el nuevo sonido, que solía basarse en la utilización de sintetizadores, bajos y guitarras eléctricas, batería e instrumentos de viento, conquistaba el mercado y relegaba a un segundo plano a la vieja tradición del jazz interpretado con instrumentos acústicos. Ahora el

Chick Corea se pondría al frente de una interesante banda llamada Returno To Forever que mezclaría jazz, rock y otras músicas del mundo.

jazz-rock era un estilo de moda y sus encantos habían conquistado a un amplio público que también incluía a los jóvenes adeptos del rock'n roll. Los espacios clásicos del jazz como los clubes y los teatros, eran ya demasiado pequeños para acoger a audiencias tan amplias. De pronto el jazz, en su versión electrificada, se vio trasladado a grandes estadios capaces de dar cabida a millares de personas.

La tradicional relación de cercanía entre el público y los músicos, tan fácil de conseguir en los espacios reducidos, se había perdido, así como la posibilidad de escuchar el sonido de los instrumentos de la forma más natural posible, sin la necesidad de una potente amplificador que permitiese a la música llegar hasta un público a veces situado a cientos de metros de distancia. A pesar de estos inconvenientes es necesario afirmar que esta fue una época buena para la experimentación y el mestizaje, por otra parte la relación con el jazzmen fue positiva para los músicos de rock. Puede decirse que desde los años setenta hasta hoy las secciones rítmicas y algunos aspectos armónicos del rock han cambiado gracias a las aportaciones de los músicos militantes del jazz rock. Buenos ejemplos de ello serían los discos de la cantautora canadiense Joni Mitchell, donde encontramos a Jaco Pastorious o Pat Metheny, uno de los guitarrista más importantes de la fusión contemporánea. Evidentemente ambos estilos interactuaron y eso dio como fruto nuevas sonoridades y avances en la música que venían de la inquietud de los tiempos. La revolución del jazz de los setenta tuvo también una importante secuela en Europa. En el Reino Unido nacían grupos como Soft Machine y en Francia los Gong. España vería un importante reflejo de lo que sucedía en el resto del mundo a través del movimiento Música Layetana, surgido en la ciudad de Barcelona con grupos tan destacados como la Orquestra Mirasol, Música Urbana o Secta Sónica. El jazz-rock sería el rey de la década de los setenta y su reinado se adentraría tímidamente en los ochenta. La llegada de esa nueva década aportaría un retorno al jazz acústico que se ha mantenido hasta nuestros días, los principales responsables de este cambio serían dos trompetistas: Wynton Marsalis y Terence Blanchard.

Aparece Wynton Marsalis

Nacido en Nueva Orleans el 18 de octubre de 1961, Wynton Marsalis tendría que hacer un viaje en el tiempo para encontrarse con el jazz clásico y, después de hacer el camino de vuelta hasta su tiempo, reubicar el jazz acústico en la saludable situación que disfruta en el presente. Su aportación como músico, aunque todavía joven y activo y, por tanto, con mucha trayectoria musical por delante, ha sido considerada por la crítica especializada como el neoclasicismo del jazz. Su estilo abarca desde el swing al bebop, todo ello pasado por un filtro de modernidad, y interpretado con el estilo impecable que le ha hecho merecedor de la consideración de maestro. Su actitud como jazzman a principios de la década de los ochenta lo llevó a intentar romper la moda, imperante entonces, del jazz rock ejecutado con un gran despliegue de medios

La aportación de Wynton Marsalis ha sido considerada por la crítica especializada como el neoclasicismo del jazz.

tecnológicos, así como de todas aquellas formas lejanas a lo que él consideraba la verdadera tradición del jazz. Crítico convencido del llamado jazz de vanguardia, Marsalis se ha caracterizado por su combativa persistencia en marcar con claridad cuáles son los límites que determinan si una música es o no es jazz. Su nacimiento en el seno de una familia de músicos a la que también pertenecen sus hermanos Branford, Jason y Delfeayo, hizo que tomase sus primeras lecciones de trompeta contando tan solo con seis años de edad. Destacó pronto como instrumentista y tuvo, a principios de los años ochenta, la oportunidad de trabajar con maestros como Herbie Hancock o Art Blakey. Algunos de los músicos que pasaron por los grupos de Marsalis de aquella época son hoy reconocidos líderes y solistas, algunos ejemplos serían el pianista Marcus Roberts o el batería Jeff Watts. La vuelta a la tradición del jazz acústico propiciada por la lucha de Wynton Marsalis en los ochenta, sigue afectando al jazz de hoy, cuya corriente principal se mantiene en esa línea aunque en convivencia con las nuevas formas propias de la evolución del género.

El cambio en los años ochenta

También trompetista, aunque un año más joven y, al igual que Marsalis, nacido en Nueva Orleans, Terence Blanchard es otro de los protagonistas del cambio que se produjo en los años ochenta. Blanchard, además de su incuestionable labor como instrumentista y compositor, destaca por su faceta como escritor de música para bandas sonoras. No se trata de películas de segundo orden, ni de encargos que no lleven implícito un compromiso. Spike Lee, director de cine profundamente comprometido con la causa de la comunidad afroamericana en los Estados Unidos es quien le pidió que compusiera la banda sonora de películas tan destacadas como *Mo Better Blues* y *Malcolm X*. Por otra parte, Blanchard ha trabajado como director artístico del prestigioso Thelonious Monk Institute Of Jazz, una de las instituciones destacadas en la difusión del jazz y el apoyo a los talentos emergentes. Menos clásico que Wynton Marsalis, Blanchard trabaja en una estética que parte del hard bop, estilo al que no duda en otorgar acentuados matices de modernidad, sin dejar de lado la incorporación de recursos tecnológi-

Terence Blanchard es otro de los protagonistas del cambio que se produjo en los años ochenta.

cos. Sus inicios como músico profesional tuvieron lugar en la orquesta de Lionel Hampton y en los Messengers de Art Blakey. Su carrera en solitario está repleta de grandes discos y reconocimientos, con incursiones eventuales en la música brasileña o en el repertorio de la cantante Billie Holiday.

Con el jazz acústico de regreso a su lugar de honor como corriente principal, la década de los noventa vería como jóvenes talentos conseguirían triunfar dentro de ese territorio y, a la vez, plantearía algunos interrogantes sobre el estado de salud del jazz. Al principio de la década una grupo de músicos muy jóvenes practicaban un estilo heredero del hard bop, pero impregnado de elementos de modernidad. La ciudad de Nueva York no había perdido su posición de honor como lugar donde la nueva música se fraguaba. Ahora, con una larga tradición de excelentes escuelas de música moderna, está claro que la sólida formación de las nuevas generaciones de instrumentistas debe mucho más a las aulas que al oficio. Este había sido el principal recurso de los jazzmen de antaño, cuando los músicos eran conscientes de que la definición de sus estilos y las características de su sonido se irían forjando noche tras noche tocando para todo tipo de público y en escenarios de todas clases. Las escuelas iban a cambiar esa metodología. Crearon el virtuosismo juvenil y también la posibilidad de conquistar la fama antes de cumplir los treinta. Ahora los alumnos leen los solos de Bird o Coltrane en las partituras y los practican para ejecutarlos luego ante severos profesores que harán sus comentarios y correcciones. De este contexto surgió una generación a la que la crítica quiso denominar Young Lions, los jóvenes leones del jazz. Instrumentistas tan destacados como el trompetista Roy Hargrove, el pianista Brad Mehlday, el contrabajista Christian McBride y algunos músicos más forman parte de este movimiento que se mantiene hoy en día. James Carter o Joshua Redman conocieron el éxito en esos días, así como muchos otros cuyos nombres se difuminaron después de un primer intento fallido. Las grandes compañías discográficas apostaron por estos recién llegados, y por un momento el jazz joven salió de las catacumbas y fue tratado por todo lo alto, con excelentes campañas de promoción y distribución de los discos y mánagers poderosos haciéndose cargo de los asuntos de los retoños de la música improvisada. Mientras los Young Lions presentaban sus diferentes proyectos en los festivales y salas de conciertos más importantes del planeta, el público conocedor y la crítica comenzaban a mostrar cierta preocupación sobre el estancamiento que comenzaban a detectar en la evolución del jazz.

Toda una vida

Desde los primeros latidos del jazz hasta los años setenta del siglo xx, una serie de estilos y tendencias se habían ido sucediendo para dar forma y continuidad a la historia del género. Con el ragtime como punto de partida, el viejo estilo Nueva Orleans como primera forma establecida, la era del swing con las grandes orquestas, las respuestas modernas del bebop y luego el hard bop, el free jazz reivindicativo y la llegada de la fusión eléctrica, todo ello definía una evolución y cada etapa de ella

La influencia del gran músico Bill Evans se puede percibir en numerosos pianistas como Brad
Mehldau, Chick Corea, Keith Jarrett y Herbie Hancock.

había contado con grandes individualidades. Cada uno de estos períodos contó con sus líderes indiscutibles, músicos que se ponían al frente
de la tendencia recién llegada, y se anticipaban a los tiempos marcando
el pulso de lo que sería el jazz del futuro. La opinión más generalizada
es que esa generación surgida en los noventa, a pesar de su incuestionable calidad musical, dejó de dar ese paso. Los mestizajes diversos y las
ansias de experimentación que tuvieron lugar en esos años no desem-
bocaron ni en una nueva tendencia, ni dejaron líderes dignos de pasar
a la historia como grandes transformadores del jazz. Talentos de altura

como el del saxofonista Branford Marsalis o el pianista Brad Mehldau podrían ser los héroes de esa etapa. Mehldau, pianista virtuoso y artista inquieto, ha legado junto a su trío algunos de los discos más hermosos de los últimos tiempos. Su capacidad para crear universos sonoros singulares en la interacción con sus músicos (el contrabajista Larry Grenadier y el baterista Jorge Rossy, substiuído hace unos pocos años por Jeff Ballard) es enorme, y cuando se enfrenta en clave de jazz a repertorios paralelos como el del artista folk británico Nick Drake o al conocido cancionero de los Beatles, demuestra sobradamente que su credo no es otro que la gran música por encima de prejuicios y limitaciones genéricas. Posiblemente el pianismo de Mehldau se inicie en otro de los grandes de las últimas décadas, el también pianista Keith Jarret, y esa escuela proviene sin duda de la herencia del excepcional Bill Evans. En Mehldau coinciden los rasgos más destacados de una tradición que trasciende lo meramente musical y se adentra en territorios donde poesía y psicología pueden también expresarse.

El jazz del siglo XXI es una continuación de lo que ocurrió en los noventa. Puede que hoy la cultura global y el enorme peso del mestizaje cultural hayan afectado al jazz, y algunas transformaciones en este género reflejen ese estado de las cosas. Las músicas del mundo se han fusionado con los sonidos del jazz, y otros estilos como el pop, la música electrónica o el folk también han querido jugar esa carta. Estamos en una situación ecléctica, donde todo parece tener cabida en las programaciones de los grandes festivales, y sería difícil definir cuál será el futuro inmediato de la gran tradición de la música afroamericana. Las generaciones de músicos más recientes nos sorprenden por su talento y creatividad, y sería bueno pensar que alguno de esos artistas llegará, en un futuro no demasiado lejano, a ponerse al frente de un sonido y una concepción de la música que garanticen el necesario avance que hoy necesita el jazz. Eso garantizaría que su identidad de arte avanzado no se perdiese, manteniendo palpitante la indudable condición de pulso de la modernidad mostrada durante cada una de las etapas de su historia

discografía seleccionada

Louis Armstrong

- Portrait Of The Artist As a Young Man (Sony)
- Complete Hot Five and Hot Seven Recordings (Columbia/Legacy)
- Complete RCA Victor Recordings (RCA)
- Satch Plays Fats (Sony)
- Ella & Louis (Polygram)
- Ella & Louis Again (Polygram)
- Louis Armstrong Meets Oscar Peterson (Polygram)

Duke Ellington

- 1924-26 The Birth Of A Band (EPM Musique)
- The Chronological Duke Ellington And His Orchestra 1924-27 (Classics)
- The Chronological Duke Ellington And His Orchestra 1928 (Classics)
- The Okeh Ellington (Columbia)
- The Complete Brunswick Recordings (Decca)
- Mood Indigo (Columbia)
- Jungle Nights In Harlem (Bluebird)
- The Chronoligical Duke Ellington And His Orchestra 1933 (Classics)
- Jubille Stomp (Bluebird)
- Brassin' In Brass: The immortal 1938 Year (Portrait)

- The Blanton-Webster Band (RCA/Bluebird)
- The Great Ellington Units (Bluebird)
- Black Brown And Beige (RCA)
- Liberian Suite (Columbia)
- Ellington At Newport (Columbia)
- Such Sweet Thunder (Columbia)
- Side By Side (Verve)
- Blues In Orbit (Columbia)
- Money Jungle (United Artists)
- A Concert Of Sacred Music (Status)
- Second Sacred Concert (Prestige)

Billie Holiday

- The Complete Billie Holiday On Columbia 1933-1944 (Columbia)
- The Complete Brunswick, Parlophone and Vocalion Sessions (Mosaic)
- Bille Holiday Sings (Clef)
- An Evening With Billie Holiday (Clef)
- Music For Torching (Clef)
- Billie Holiday At Jazz At The Philarmonic (Clef)
- Lady Sings The Blues (Clef)
- Songs For Distingue Lovers (Clef)
- Body And Soul (Clef)
- The Blues Are Brewin (Decca)
- All Or Nothin At All (Verve)
- Lady In Satin (Columbia)
- Last Recording (MGM)

Ella Fitzgerald

- Ella And Louis (Verve)
- Ella Sings The Duke Ellington Song Book (Verve)
- Ella In London (Verve)

- Ella In Berlin (Verve)
- Ella And Oscar (Pablo)
- The Incomparable Ella (Verve)

Charlie Parker

- Jay McShann - The Early Bird Charlie Parker, 1941-1943: Jazz Heritage Series (MCA)
- Red Norvo's Fabulous Jam Session (Spotlight)
- The Complete Savoy Sessions (Definitive)
- The Complete Dial Sessions (Stash)
- Bird: The Complete Charlie Parker on Verve (Polygram)
- The Quintet - Jazz At Massey Hall (Debut)

Sarah Vaughan

- Sarah Vaughan (Trip)
- Swingin' Easy (Trip)
- No Count Sarah (Trip)
- Live At Ronnie Scott Vols. 1, 2 (Pye)
- Sarah Vaughan (EmArcy)
- Duke Ellington Songbook One (Pablo)
- Duke Ellington Songbook Two (Pablo)

Thelonious Monk

- Genius of Modern Music: Volume 1 (Blue Note)
- Thelonious Monk and Sonny Rollins (Prestige)
- Brilliant Corners (Riverside)
- Monk's Music (Riverside)
- Thelonious Monk With John Coltrane (Riverside)
- Criss Cross (Columbia)
- Straight No Chaser (Columbia)

- Underground (Columbia)
- The Complete Vogue Recordings/The Black Lion Sessions (Mosaic)

Quinteto del Hot Club de France

- The Complete Django Reinhardt And Quintet Of The Hot Club of France Swing/HMV Sessions 1936-1948 (Mosaic)

Miles Davis

- Blue Period (Prestige)
- Dig (Prestige)
- Walkin' (Prestige)
- Bags' Groove (Prestige)
- Cookin' (Prestige)
- Relaxin' (Prestige)
- Workin' (Prestige)
- Steamin' (Prestige)
- Round About Midnight (Columbia)
- Miles Ahead (Columbia)
- Milestones (Columbia)
- Porgy And Bess (Columbia)
- Kind Of Blue (Columbia)
- Sketches Of Spain (Columbia)
- Someday My Prince Will Come (Columbia)
- E.S.P. (Columbia)
- Sorcerer (Columbia)
- Nefertiti (Columbia)
- Filles de Kilimanjaro (Columbia)
- In A Silent Way (Columbia)
- The Man With The Horn (Columbia)
- Decoy (Columbia)
- You're Under Arrest (Columbia)

- Tutu (Columbia)
- Amandla (Columbia)

Stan Getz

- The Complete Savoy Recordings (Savoy)
- The Complete Roost Recordings (Roulette)
- The Sound (Proper)
- Plays (Verve)
- The Complete Recordings Of Stan Getz Quintet with Jimmy Raney (Mosaic)
- West Coast Live (Blue Note)
- Diz and Getz (Verve)
- West Coast Jazz (Polygram)
- The Steamer (Polygram)
- Getz Meets Mulligam in Hi Fi (Verve)
- Stan Meets Chet (Verve)
- Focus (Verve)
- Jazz Samba (Verve)
- Getz-Gilberto (Verve)
- Reflections (Verve)
- Didn't We (Verve)
- Stan Getz & Bill Evans (Verve)
- At Montreux (Polydor)
- Spring Is Here (Concord)
- Anniversary (Emarcy)

John Coltrane

- Blue Train (Blue Note)
- Soult Trane (Prestige)
- Lush Life (Prestige)
- Giant Steps (Atlantic)

- My Favorite Things (Atlantic)
- Africa/Brass (Impulse)
- Live At The Village Vanguard (Impulse)
- Duke Ellington & John Coltrane (Impulse)
- Ballads (Impulse)
- John Coltrane & Johnny Hartman (Impulse)
- Impressions (Impulse)
- A Love Supreme (Impulse)
- Ascension (Impulse)
- Kulu Se Mama (Impulse)
- Expression (Impulse)

bibliografía

Armstrong, Louis, *Mi vida en Nueva Orleans*. Barcelona, Plaza & Janes, 1960.

Arnaud, Giles- Chesnel, Jacques, *Los Grandes creadores del Jazz*, Madrid, Ediciones del Prado, 1993.

Bauzá, José, *Jazz: Grabaciones Maestras (Los inicios y los años veinte)*, Alicante, Instituto de Estudios Juan Gil-Albert, 1986.

Bauzá, José, *Jazz: Grabaciones Maestras. Volumen segundo (1930-1935: Los años de la crísis)*, Alicante, Instituto de Estudios Juan Gil-Albert, 1994.

Bauzá, José, *Jazz: Grabaciones Maestras . Volumen Terecero (1936-1937: Expansión)*, Alicante, Instituto de Estudios Juan Gil-Albert, 2000.

Berendt, Joachim Ernst, *Jazz. Su origen y desarrollo*, Madrid, Fondo de Cultura Económica, 1993.

Berendt, Joachim Ernst, *Il nuovo libro del Jazz*, Garzanti Editore, 1986.

Carles, Philippe-Clergeat, André-Comolli, Jean-Louis, *Diccionario del Jazz*, Madrid, Anaya & Mario Muchnik, 1995.

Carr, Ian, *Miles Davis*, London, Paladin Books, 1985.

Ellington, Mercer-Dance, Stanley, *Duke Ellington. Una biografía íntima*, Barcelona, Parsifal Ediciones, 1992.

García, Jorge-García Herraiz, Federico, *Ellos y ellas. Las grandes voces del Jazz*, Valencia, Editorial La Máscara, 1994.

Giner, Juan-Sardà, Joan-Vázquez, Enric, *Guía universal del jazz moderno*, Barcelona, Ediciones Robinbook, 2006.

Gordon, Max, *Live At The Village Vanguard*, New York, Da Capo, 1980

Harris, Rex, *Jazz*, London, Penguin Books, 1953.

Hentoff, Nat, *Jazz*, Buenos Aires, Editorial Pomaire, 1982.

Holiday, Billie, *Lady Sings The Blues. Memorias*, Barcelona, Tusquets Editores, 1988.

Horricks, *Raymond, Stephane Grappelli*, Madrid, Ediciones Jucar, 1986.

Jones, LeRoi, *Música Negra*, Madrid, Ediciones Jucar, 1986.

Kahn, Ashley, *El sello que Coltrane impulsó. Impulse Records; la historia*, Barcelona, Globalrhythm, 2006.

Kahn, Ashley, *Miles Davis y Kinf of Blue*, Barcelona, Alba Editorial, 2002.

Lincoln Collier, James, *Duke Ellington*, Buenos Aires, Javier Vergara Editor, 1990.

Licoln Collier, James, *Louis Armstrong*, Buenos Aires, Javier Vergara Editor, 1987.

Malson, Lucien, *Les Maitres du Jazz*, Paris, Presses Universitaires de France, 1972.

Quincey-Davis, Troupe, *Miles. La autobiografía*, Barcelona, Ediciones B, 1991.

Russell, Ross, Bird, *Biografía de Charlie Parker*, Barcelona, Ediciones B, 1989.

Schuller, Gunther, *Il Jazz. Il periodo classico*, Torino, Edizioni di Torino, 1996.

Simpkins, C.O., *John Coltrane*, Madrid, Ediciones Jucar, 1985.

Storb, Ilse, *Louis Armstrong*, Barcelona, Edicions 62, 1992.

Terkel, Studs, *Giants Of Jazz, New York*, The New Press, 2006.

Tirro, Frank, *Historia del jazz clásico*, Barcelona, Ediciones Robinbook, 2001.

Tirro, Frank, *Historia del jazz moderno*, Barcelona, Ediciones Robinbook, 2001.

Trabberg, Ebbe, *Episodios. Escritos sobre jazz*, Logroño, J. Pérez-Caballero, 2005.

Vian, Boris, *Escritos sobre jazz. Tomo 1*, Madrid, Ediciones Grech, 1984.

HISTORIA DEL JAZZ MODERNO

de Frank Tirro

Frank Tirro nos ofrece la mejor y más detallada visión del jazz moderno, sus orígenes, sus protagonistas y sus estilos periféricos, sin descuidar el análisis riguroso (tan poco frecuente en otras obras de este género) de las estructuras musicales, sus técnicas, sus variaciones y sus raíces. Una mirada profunda y detallada de la historia de este género, desde la II Guerra Mundial hasta nuestros días, desde la revolución del bebop hasta las últimas tendencias que marcan el futuro de este género musical en el siglo XXI. En definitiva, una obra de referencia insustituible, tanto para quien quiera aproximarse por primera vez al excitante mundo del jazz como para el estudioso o profesional que busque profundizar de una forma sistemática en su conocimiento.

«Una de las aproximaciones [al jazz] más ambiciosas y sugerentes escritas en los últimos años [...] Un acercamiento al jazz desde una perspectiva personal, alejada de mitos, anécdotas y simplificaciones históricas al uso.»

ESTEBAN LINÉS, *La Vanguardia*

HISTORIA DEL JAZZ CLÁSICO

de Frank Tirro

Frank Tirro nos ofrece la mejor y más detallada visión del jazz clásico, sus orígenes, sus protagonistas y sus estilos periféricos, sin descuidar el análisis riguroso (tan poco frecuente en otras obras de este género) de las estructuras musicales, sus técnicas, sus variaciones y sus raíces. Una mirada profunda y detallada de la historia de este género, desde sus orígenes hasta la II Guerra Mundial, desde el ragtime, antecesor del primer jazz, hasta el bebop. En definitiva, una obra de referencia insustituible, tanto para quien quiera aproximarse por primera vez al excitante mundo del jazz como para el estudioso o profesional que busque profundizar de una forma sistemática en su conocimiento.

«Una de las aproximaciones [al jazz] más ambiciosas y sugerentes escritas en los últimos años [...] Un acercamiento al jazz desde una perspectiva personal, alejada de mitos, anécdotas y simplificaciones históricas al uso.»

ESTEBAN LINÉS, *La Vanguardia*

GUÍA UNIVERSAL DEL
JAZZ MODERNO

Juan Giner, Joan Sardà y
Enric Vázquez

Una guía práctica para descubrir el jazz moderno, sus compositores, intérpretes y obras más representativas, con una selección discográfica de lo imprescindible.

Este libro es el primer diccionario enciclopédico de estas características escrito originalmente en español. Sus protagonistas son los músicos que renovaron el jazz en los años que siguieron a la Segunda Guerra Mundial y que lo llevaron a las más altas cotas expresivas, convirtiéndolo en una música universal por derecho propio que, además, ha influido en todas las músicas populares del mundo generadas a lo largo del siglo XX.

Ilustrada con más de 160 fotografías originales, la obra incluye más de 250 entradas biodiscográficas, esclarecedores apartados sobre instrumentistas, un completísimo glosario de los términos específicos del jazz moderno, de sus géneros, tendencias e interacciones, y un apartado donde se detalla la trayectoria de los principales sellos discográficos. Además, presenta una panorámica histórica general del jazz en España completamente actualizada. Miembros fundadores del Jubilee Jazz Club, asociación vinculada al Instituto de Estudios Norteamericanos de Barcelona, los autores de este libro cuentan con una dilatada trayectoria en el mundo del jazz.

JAZZ

LA HISTORIA COMPLETA

Julia Rolf - Editora

Jazz. La historia completa, es un viaje a través de la historia del jazz; cada capítulo sitúa la música en su contexto cultural, histórico y social, y analiza cómo se desarrolló en cada momento.

Las secciones biográficas se centran en los artistas principales de cada década antes de profundizar en las vidas de otros músicos menores, quizá de una importancia más relativa, pero que ofrecen una visión general de un movimiento musical sin el que no puede entenderse la cultura del siglo XX.

La sección «Estilos» se centra en cada una de las múltiples variantes por las que ha pasado el jazz desde que naciera humildemente en el crisol cultural de Nueva Orleans. Desde el ragtime hasta el jazz brasileño, cada faceta musical es explorada a fondo para guiar al lector a través de su rica e innovadora historia.

La sección «Influencias» presta atención a los numerosísimos estilos musicales y músicos que han recibido una influencia directa del jazz a lo largo de los años, desde el boogie-woogie hasta el urban soul o el R&B contemporáneo.

Escrito por un experto equipo de redactores especializados en temas musicales, *Jazz. La historia, completa* es el libro ideal para quien esté interesado en este influyente género; imprescindible tanto para los neófitos como para los melómanos y entendidos. El texto, ameno a la par que riguroso, va acompañado de centenares de ilustraciones y fotografías que, en conjunto, nos muestran un retrato deslumbrante de la historia del jazz.